学做家长

周巧玲 著

山东人民出版社·济南

国家一级出版社 全国百佳图书出版单位

图书在版编目（CIP）数据

学做家长/周巧玲著. --济南：山东人民出版社，2021.7
ISBN 978-7-209-11200-0

Ⅰ. ①学… Ⅱ. ①周… Ⅲ. ①家庭教育 Ⅳ. ①G78

中国版本图书馆CIP数据核字(2021)第075152号

学做家长

XUEZUO JIAZHANG

周巧玲 著

主管单位 山东出版传媒股份有限公司
出版发行 山东人民出版社
出 版 人 胡长青
社　　址 济南市英雄山路165号
邮　　编 250002
电　　话 总编室（0531）82098914
　　　　 市场部（0531）82098027
网　　址 http://www.sd-book.com.cn
印　　装 山东华立印务有限公司
经　　销 新华书店

规　　格 16开（169mm×239mm）
印　　张 13
字　　数 174千字
版　　次 2021年7月第1版
印　　次 2021年7月第1次
ISBN 978-7-209-11200-0
定　　价 45.00元

目录

第一部分

前言

孩子的青春期，处于12～18岁，是从少年成长为青年的过渡阶段，也是从依赖走向独立成长的关键期。孩子在这个年龄阶段，又因恰恰伴随着中考和高考的人生考试季，也是家长们感到困惑最多，紧张、焦虑而又最难熬的阶段。

2020年春天，一场新冠肺炎疫情突如其来，我国大中小学校积极响应国家防控举措，全面实行“停课不停学”，全国亿万家庭被动经历了一段较长的共同宅家时期。平日忙碌事业和学业的家长和孩子们从学校回到了家里，更真切地体验了一段家人们朝夕相处的时光。期间，有些家庭更加亲密，有些却走向疏远甚至解体。家庭教育、家校关系、亲子关系等问题受到了更广泛的关注。当我们把视角伸向现代家庭的内部，发现许多家长为孩子的教育感到身心俱疲。他们分明没有享受长假带来的“天伦之乐”，反而像身处“水深火热”，有的家庭甚至还“战事”不断，“争端”不断，这不是夸张，这是这一时期许多家庭的现实。

最近经常遇到一些中学生妈妈，请教关于孩子教育的问题，带着与我当初一样的惶惑。问的人多了，也就发现被问题困扰着的家长还真不少，而且大家面临的许多困惑有一定的共性。

作为一位教育工作者，我的工作经历使我得以了解到不同阶段的教育，接触到各个层次各种情形的学生，以及学生身后的家庭，形成了一种透过教育看家庭，透过孩子表现看家长的职业敏感，也更能够体会家长教育责任之重。同时，在长期的工作和研究中不断积累经验，形成了一些有关家庭教育的规律性认识。对于家长们遇到的种种家庭教育问题，觉得自己果真还有一些经验之谈或者可资借鉴的教训。

作为一个“妈妈过来人”，对自己学做家长的历程中形成的那些感悟，在合适的时机做一个回望和梳理，也是我多年来的愿望。有句话说，我们每个人的存在都如书籍一般，有被阅读的潜力与价值，我相信这一点。基于自己多年来的经历、经验、教训、体验、感悟、反思、成长，梳理完成这本书，希望与更多和我一样的为人父母者分享。如果能够帮助到那些正处于惶惑期的中学生父母，哪怕只有其中的一个方面，也觉得是一件很有意义的事。而且，在帮助家长们解决困惑和问题、分享经验和教训的过程中，自己认为的一些重要的教育原则得到了进一步验证，又不断形成一些新的认识，这就更激发了我要梳理写作的动力。

学做家长的历程

提到孩子的教育，估计每个有做家长经验的人都觉得有话要说。我因从事教育管理工作，也有读教育学专业博士的经历，从事一些教育研究，读过不少教育类书籍，自以为懂点儿教育理论，也养成了从多个角度思考教育问题的思维习惯。但是，有很多从课堂和书籍理论中学到的理论，以及由此带来的理念、观点和做法，在现实生活中会遇到诸多挑战。

作为一个母亲，当放下书本，回到自己的家庭生活中去，面对自己的家庭、自己的孩子，面对一个个教育时刻，面对一个个需要解决的问题，

学做家长的历程

时常感到困惑茫然而不知所措。

女儿小学毕业考入当地一所私立中学，因不太适应那里极端注重应试的教学模式，所以转学到了一所口碑很好的学校，很快适应了这边的教学。可是读初二下学期时，女儿的期末考试成绩竟极不理想，日常表现也与我们的期待相去甚远。我们很困惑，不明白原因出在哪里。于是求助于心理辅导教师，老师采用了某大学开发的注意力量表进行测量，结论是注意力指数与同龄段相比偏低。后来进行了针对性的注意力训练，也取得过一些效果，但是效果并不明显也不持久。孩子的注意力问题从哪里来？学习动力不足的问题如何解决？孩子怎样保持专注投入的学习？面对这些具体的问题，还是不知道该向何处用力。那时就深刻地感受到自己的家庭教育知识极度缺乏，特别渴望得到专业的指点和帮助。

一次与正在读高中的女儿小麦闲聊中，我说自己最近的研究兴趣已经转向基础教育和学前教育，不再是以前的高等教育研究了，她带点儿无奈地笑道："老妈你可真厉害哈，成功地避开了我所有的成长阶段！"听到这句话，心里五味杂陈，很受触动。可不是吗，小麦入幼儿园时，我正在华东师范大学攻读高等教育学博士学位，她上一年级时，我在英国搜集整理大学管理的资料，她上初一时，我到一所师范院校工作，因工作原因需要更多地关注基础教育，而现在，孩子马上要高中毕业了，我却要去研究学前教育，那些研究和思考确实与孩子的每一段成长都不能紧密相关。孩子的这种感受使我意识到，以前自己的所谓教育研究工作，早已经脱离了真实的教育生活，大多是出于工作需要，或是为完成教学科研和管理任务的需要而做，随着自己工作岗位的变动，平日关注的领域就随之改变而已。女儿小麦的那一戏谑令我反思，是的，如果连自己的孩子都不知该如何教育，甚至没有在日常的教育生活中关心和关注，怎么能做一个称职的妈妈，又怎么能算得上称职的教育管理者、研究者、教师呢？从那时起，我开始了有意识地学做家长的旅程。

最初的想法，是针对孩子在学习中的一些不令人满意的表现，比如学习注意力问题、学习动力问题、考试成绩不稳定等问题，有针对性地寻求答案和帮助，希望通过咨询专家来改善孩子的行为表现。可是，我后来很快发现，这些困扰自己许久的问题，都不是仅靠“改造”孩子的某个缺点就可以解决的。从“孩子的问题”背后慢慢浮现出来的，是家庭教养方式、亲子关系、夫妻关系，以及更深层的家庭关系中存在的问题。原来，真正有效解决问题的答案，就在自己身上。需要改变的，是自己（而不是孩子）的观念、认知、行为。

然而，从认识到“自己的问题”这一点，从“改变孩子”转向“自我改变”，才是关键的转变。期间，我经历了一个艰难的过程。不经过深刻地反省和觉悟，很难相信自己的思想深处竟然有那么多的无知地带和偏狭固执的观念。如同中医诊疗疾患，需要先拨开沉疴痼疾，才能提出有效的诊疗方案，对症下药。能够真正做出自我改变的行动，更不是那么容易的事情。我曾有幸遇到过几位专业的辅导老师，能够更精准地帮助自己看清问题的实质，进而愿意做出改变。

接下来所付出的努力，实际上成了一项系统的家庭改进工程。好消息是，通过自身改变的努力，切实体会到思想和行动的改变带给我家庭生活各方面的成长和进步，不仅是个人身心的成长和进步，更是整个家庭面貌的改变和提升。也正是从那时起，我养成了记笔记的习惯。从孩子初三到高三这几年里，一直没有间断。这样，直到孩子读大学，每年我都有一本手记，记录了自己和孩子一起成长的经历和感悟。

作为一名教育领域的学习者，怀着对教育研究的浓厚兴趣，一直希望通过整理和提升，形成一些有益他人的可以借鉴的东西。最初试图将那些感悟记录下来时，觉得是零散的杂乱不成体系的，不知从何处着手谈起。于是多次放下，直到现在，孩子快要大学毕业了，看到她向着我们所希望的那样，阳光、积极向上、独立、自信地健康成长，我们的生活也不像前些年那么手忙脚乱了，于是开始动笔整理。基于自身经历和感受所做的记录，必然受到个人当时认知的局限。现在拿出来，再看看经历过的酸甜苦辣，从中既看到了在陪伴孩子成长过程中自身获得成长的经验，也看到了自己当初的无知不成熟。而今天的写作，也就加入了更多的理性思考。目前形成的这本书，不管是内容结构还是呈现方式乃至观点，与当初我写教子笔记时，都已经有了极大的变化。

现代心理学已是较为成熟的学科，提供给我们解决问题的心理科学的方法和工具。在家庭教育中遇到问题时，曾经求助于心理辅导的经历，以及自我学习的一些心理类书籍，都给了我不少启迪和收获。然而同时，我个人也有些体会就是，就家庭教育的问题求助于心理辅导，特别是专业的指导，需要满足时间、经济上的条件，与我们普通人的生活还是有段距离。家庭生活中总会不断地遇到新的问题，对于普通家长来说，受到时间和经济等条件的限制，通过心理辅导解决家庭教育问题显然无法长久持续。

如果把生活中的问题都以心理学视角来看待，归为心理问题，接受内心世界被剖析被指正，难免让人感到沉重。在接受心理咨询辅导的很长一段时间里，面对孩子的问题，知道自己对心理学知识知之不深，做决定时难免顾虑重重，生怕自己又做错了什么，总觉得自己做得不对、做得不够好，也是挺痛苦的经历。

曾有段时间，我过于依赖咨询，一遇到问题，不是自己先思考怎么办，而是想去请教谁，放弃了自己细致地观察孩子、思考教育方案的责任和主动性。当我们针对一个具体的问题去请教心理辅导老师时，一段时间内，容易把眼光只放在心理老师所关注到的方面，以为改完这个那个的缺点就可以。比如当我们关注和强调孩子的情绪，却忽视了孩子的学习习惯、学习方法等其他方面的问题，难免顾此失彼。

这几年，在陪孩子成长的过程中，以问题为导向，转向自我的学习，广泛地读书、学习、观察、思考，慢慢地跟着自己的感觉走路，很多事情开始有了自己的处理思路，许多曾经困扰自己的问题也就得到了妥善解决。

学练乒乓球时，教练随时根据我的进步情况研究和调整学习内容；平时积极地与孩子的班主任老师、学科老师交流孩子的学习和成长；常常启发到我对“教育”进行再认识；近几年业余通过习练瑜伽，也获得了许多从生命科学视角关于教育的启迪。在个人学习成长的过程中形成的教育感悟，是真切的、深刻的、生动的，那些时刻，别人的教育哲学思想似乎都站在角落里。真正激发自己教育感悟的，往往不是那些读理论的时刻。在实践中形成自己的教育哲学，最终也成为自己的人生哲学和智慧，这是多么深刻的领悟。

切身的经历告诉我，只有不断地学习、思考，以及在实践中自我反思，在家庭教育生活中找到自我，生活中能够自信自如地处理和解决问题，才能够自然地对自己孩子的成长产生最佳的影响。所以我把这本书叫作《学做家长》，想要分享的主要观念就是，在陪伴孩子一起成长的道路上，不断地学习，切身地实践，做更好的家长。

家庭教育不简单

一般来说，大部分人并不把关于家庭教育的知识看作是一门需要学习的知识。毕竟对每个人而言，家的概念再熟悉不过了。然而正因为熟悉，所以看不到自己的无知之处。人们往往认为，就像人的自然成长一样，这是一个自然的过程，更是认识不到教育自己的孩子也需要学习。

然而，养育子女是一项复杂的工程。家庭教育不像制造产品，制造产品按照一定的操作规程就能够实现。如果你以为只要按照父母的设计、计划和理想，孩子就能向着你理想的方向长大，那就太轻视家庭教育的复杂性了。

家庭教育的复杂性，首先是因为影响孩子成长的内外部因素多而复杂。除了遗传带来的个体和个性差异外，家庭环境、社会环境、就读的学校、遇到的老师、交往的朋友、婚姻等等，都对孩子的未来道路有不确定的影响，也对孩子品德的养成，行为习惯、学业能力、心理健康、社交能力的发展等，带来不同的影响。罗马不是一天建成的，孩子不是一天长大的，每个孩子的成长都会经历各种不同的情形。对于影响孩子成长和发展的各种偶然性和不确定性因素，家长们不可能预知，所以家庭教育不可能有一个显而易见按时完成的目标。因此，从孩子降生成为你家庭的一员，你和孩子共同成长的人生旅程就开始了。做家长这件事儿，将是你终生的事业。

人们结婚生子，并不意味着就具备了当家长的资质和能力。对育儿这样一项复杂的实践活动，人们不需要从业资质和资格证就上岗了，你在第一次上岗之前显然是没有经验的，而养育子女这件事，显然没法一边做实验一边往前走，孩子的成长并不会停留在原地等待。所以学习如何做好家长的知识，需要及时学习，提前学习。

出生在多子女时代的我们，生活在当代，传统文化教育缺失了很多年，只会延用父辈教育我们的方式去教育现在的独生子女，很吃力。然而，家庭教育的效果，并不与你付出的努力成正比，并不是你越努力就越好，管得太多，不得法不行，搞得不好，甚至还有反作用。

曾听到不少家长说，起早贪黑累死累活地为孩子提供衣食住行，费尽心力提供周到服务，孩子却不领情。他们得不到感恩却被厌烦，落得身心俱疲、委屈满腹，还难以把这一地鸡毛收拾干净，教养子女自然变成了苦差事，更体会不到育儿乐趣了。

在家庭教育中，父母面对孩子成长过程中的各种问题，恐怕人人都是新手。家长们管教孩子的心情是急切的，但是，管得太多孩子嫌烦，管得太少孩子说你不关心他；家长们要么管不了，要么不敢管，常常左右为难。如果你也遇到面对孩子“不会管，管不了，不敢管，管不好”的问题，其实你并不孤单。多数家庭在孩子成长的不同阶段，会不同程度地遇到矛盾冲突、压力和焦虑。多少人面对家庭关系和亲子关系，就如同面对一团难以理顺的乱麻，处在水深火热之中。

家长们都能体会到，养育孩子远比普通的工作任务复杂，而家庭教育绝不是一项简单的技术活儿。但同时，家庭教育也不是一项“专业性”的活儿，你显然没法通过专业知识和技能的学习就做到精通理论或训练有素。况且，也没有完全成体系的家庭教育理论能够涵盖你在家庭教育中遇到的所有问题。事实上，即便是那些拥有良好品行和才华、事业上顺风顺水、拥有良好社会地位和人际关系的人士，即便是那些在某些领域十分成功的人士，在孩子成长过程中，都或多或少难免遇到困惑和难解之题。

家庭教育难在哪儿

究竟是现在的子女难管教，还是现在的家长不会管教？家庭教育难在哪儿？在笔者看来，难点首先在于家庭和家教知识的缺乏。

如果没有足够的知识、信念、理念的支撑，家长们在教育孩子的行动中觉得有困难是必然的。管理一个企业、一所学校、一支队伍、一个团队，都有各自的理论，但管理家庭和养育子女这么复杂的任务，虽仁者见仁、智者见智，却很少有系统的理论。迄今为止，还没有哪一门学科把家庭教育当作本学科的一个专门研究领域来对待。家庭教育似乎首先应该属于教育学、心理学研究的范畴，当然，这并不妨碍来自不同学科领域的研究者从各自的角度对家庭教育问题展开研究。

家庭教育难在哪儿

不管是古今还是中西，不同体系的文化都在进行着沟通和对话。古往今来，教育的思想、理论、理念和方法层出不穷，教育的历史，本就是一个一个教育家的思想连缀起来的历史。实践中，也行走着众多形形色色的家教哲学。就像传统文化中推崇孝道论，现代西方教育则有注重孩子的天性自由论，关于教育也没有人会告诉你标准答案。想想看，在生活中，究竟有哪些知识在左右着我们教育子女的观念和行为？德先生，赛先生，家庭教育听谁的？你可能看了一堆的书，听了许多的道理，仍然像雾里看花，很难看清教育理论的全貌。

当前我们在教育领域的理论体系还不完备，而在外来文化基础上发展起来的思想理论，并没有进行很好的本土化，所以当代人面对着更多的理论困惑与心理困惑。笔者认为，主要缘于西方理论产生的文化土壤与我们不同，放到我们这里直接用就会水土不服，人们接受起来更是半生不熟、生搬硬套，知其然不知其所以然，不明白背后的本质和道理，实践起来更是容易走向片面。对大部分普通人来讲，面对仁者见仁智者见智，公说公有理、婆说婆有理，纷至沓来的各种观念，难免无所适从。有时我们迷信一些热门的教育理论，或是迷信“知名专家”，却只能看到局部，可谓一叶障目不见森林。比如听说赏识教育好，就只知道“赏识”，顺应天性，忘记了规则教育；听说“快乐教育”，就以为严格管教是不对的，究竟是要“快乐教育”“赏识教育”，还是“挫折教育”？今天这样想，明天那样想，遇到自家孩子的具体问题时，还是茫然不知所措，也没有从纷杂的理论中找到自己的答案。

另一方面，我们对自己的传统文化没有一个深透的把握。中华民族几千年的文明源远流长，传统文化博大精深，蕴含着丰厚的可以解决当今家教问题的智慧。但是，当前，在家庭中发挥重要家庭成员作用的人们，生于40、50、60、70年代，外部经受着经济文化社会从农耕时代迈入工业文明的巨变，自身文化知识储备“先天不足”，思维和精神世界在东西文化碰撞中摇摆，生活行动上缺乏规矩章法，也缺乏在后代身上埋下文化传承种子的知识和能力。现代学校教育也没有教给人们怎样做父母妻子丈夫的知识。我们的父辈以及我们这一代人，较为普遍地缺乏家庭建设和养育子女方面的知识。

西方文化是在逻辑推理基础上构建起来的，用理性思维来研究问题，生成理论并放到实践中去检验，再用事实和数据去证明，这种科学的思维容易为现代人所接受。但是，仅仅依靠逻辑推理，很难获得内在智慧的成长，需要向东方文化寻求智慧。东方文化理论建构和生成、普及的方式，是建立在知行合一的基础上，圣人先哲们体验与证悟统一的过程。理论是从上到下的传承，师道就是传道授业解惑，以圣人训的形式传承道和理。比如《论语》，用最简单的文字告诉你如何看如何做的观念和方法，人们只需遵循。

在飞速发展的信息时代，为适应现代社会要求，家长们的教育思想观念和知识结构也必须跟进发展，追求人类共同价值，融入现代人性化思想理念，用现代知识和科学精神逻辑思维武装头脑。文化发展的方向，必然是既吸收先进文化，又不失却优秀传统文化的根本。

越是复杂的任务，越是需要寻求一定之规。在家庭教育中有没有一些基本的原则可以遵循？是否可以从不确定性中，找寻可以比较确定的基本的信念和理念？我们需要一些管用的理论和方法，来构建、修正和检验我们的认知，进而引领我们的行动。

家庭教育首先是教育形式的一种，它首先具备教育的普遍特点和规律。“教”是为了人的社会化，以改变人们的认知和行为目的，就像师者传道授业解惑，“育”则有养育、育化、培植、养成、塑造之意。家庭教育，从教育对象来看，是家庭中的子女后代；从施教者来讲，是父母为主的教育行为；从场所上来看，发生在家庭环境中。在这里，我们把家庭教育定义为：在家庭场所中，对于未成年子女的身心成长起到长远教育影响的父母的行为。支撑这些行为背后的知识、理念、目标、方法，都是家庭教育研究应当关注的内容。

关于本书

教我们面对这个世界最重要的武器是知识。生活中你所遇到的各种难题，归结起来，多是因为我们对那些方面所掌握的知识的匮乏。

家庭教育中存在的问题千差万别，但是如何去解开，你需要的就是家庭教育理论的知识，以及由此而采取的具体的方法和行动。认知到了，再去解决问题，做事有一定之规，面对问题才不会慌乱。在探索通往家庭幸福的道路上，我们同样需要知识，需要那些真正管用的理论。

管用的理论，应该面向家庭教育中的实际问题，帮助我们建立起解决问题的基本逻辑，找到解决家庭教育现实问题的原则和方法。这些基本的原理和原则，能够使我们有一个行动的出发点，也就是叫作正确的理念的东西。

管用的理论，并不必然是高深专门的知识，有的时候可能就是一些常识，是那些普通老百姓容易理解的朴素的道理。但是，如果我们对它们的价值缺乏深入系统的认知，忽视了让这些常识在生活中运行，同我们没有这些知识是同样的结果。

管用的理论，可以提供给迷茫中的家长们一些可资借鉴的解决方案，使我们在培育优秀子女建设和谐家庭的道路上，走得更轻松自如；能帮助我们认清问题的实质，看清和走出家庭中的种种误区，避免或者少走弯路，避免制造出失误“产品”。你也可能读过不少探讨教育的文章，或者从方法类书籍和文章中有所获益，读时也受到触动，但是心灵鸡汤往往只能在较浅的层次上起作用，并不触及教育的核心和本质，过后可能很快被抛到脑后或忘掉，生活又回归到老样子。我觉得家长们真正需要解决的问题，是内心的问题，而不是表面的问题。

管用的理念、原则和方法，应该能够切实地运用到家庭教育生活中去，能够真正地改变我们的思维、想法和行动，进而改变我们的生活状态，改善生活质量，促进家庭成员的身心健康，提升家庭整体能量。

我认为家庭教育理论最为关键的，也是迫切需要的，是要帮助家长们了解有关家庭教育的基本问题，建立起基本的信念，比如家庭教育是什么、为什么、教什么、谁来教、怎么教的问题，也即最基本的哲学、目的、理念，以及根本原则等等。在自身学习成长的经历中，通过长期有意识的观察和思考，使我认识到，家庭教育中确实有许多问题具有共性，也有许多可以遵循的规律，这些知识应该能够成为优质家庭教育的出发点。

目前在家庭教育没有形成学科、也没有成体系的理论的情况下，我们能够做的是，综合运用教育学、心理学、教育心理学、哲学、健康科学、社会学、管理学等多个学科，抽取现存理论中为我所用的东西，从不同侧面寻求借鉴。从对家庭行为、现象的观察解释归纳总结中，对现代社会中的焦虑、抑郁、压力、自卑、厌倦、纠结、疑虑等问题，透过现象，抽丝剥茧，找到问题的本质和本源，探求解决问题、塑造幸福家庭人生的理论原则和方法。

在我看来，关于家庭教育问题确实很难用量化的方法诊断和分析。

本书中的多数案例和观点，以及原则和方法，是为解决在家庭教育生活中遇到的现实问题而生发出来的，多数并不是依靠科学分析手段得出的，而是基于个人体悟和内在体验的反思和总结。关于这一系列问题，我关注和研究的时间跨度较长，算是一项不太严格的质性研究的成果吧。接下来我们将要讨论的是，在伴随孩子成长的过程中，家长们应该知道的那些基本的原理、原则和基础性的知识。虽然从一个教育研究者的视角尽可能地对家庭教育这一话题进行了系统化，但是其中部分内容确实受到个人经历和研究能力的局限。由于以笔者的个人经历和感悟为基础，本书中某些观点和方法可能在普通中产的知识女性家长群体中更容易产生共鸣。我也希望与对家庭教育感兴趣的国内研究者和从业者共同探讨这个话题。

本书主要面向普通家庭的家长们，尤其是家有青春期独生子女的“60后”“70后”“80后”女性家长，希望改善家庭教育和亲子关系的家长，真诚地希望本书能给你一些拿来就用的思维方法和行动方法；希望它能提供给你解决家庭教育困惑的简洁明了的准则；希望它能够帮助你树立起改变的信心和勇气。

第二部分

家长的教育责任

问题孩子还是问题家长

时至今日，家庭教育问题已经引起了人们极大的关注。

当前青少年问题有多种体现，比较普遍存在的现象包括：心理素质偏低、抗压和抗挫能力差、承担责任的意识和能力偏弱、人际交往和沟通能力不足、生活自理能力及生活习惯差、沉迷网络、学习动力不足，甚至厌学、不自律、与父母关系不好，等等。据某抽样调查数据，中国儿童心理素质合格率仅为19%，美国为41%，日本为60%以上。心理素质不强、身心不够健康，成为中国儿童较为普遍的现象。统计数据表明，近三成14～25岁青少年有抑郁风险、手机上瘾、厌学倾向。关于厌学率，目前尽管没有权威的统计，但是已经成为人所共知的事实了。因家庭矛盾、学业压力、师生矛盾、心理问题、情感纠纷、校园欺凌等原因而离家出走或自杀的青少年日益增多，青少年犯罪案件也是时有发生。

最极端的问题是青少年自杀现象。2020年疫情基本得到控制后，大中小学学生开始返校开学的一段时间里，不断有令人痛惜的青少年出走或自杀的消息传来。这些风华正茂的孩子以这种决绝的方式将生命放弃，留

问题孩子还是问题家长

下心碎的父母家人们并成为他们终生难以承受的痛，究竟是哪里出了问题？我们听到了如下诸如此类的各种原因或理由：有的仅仅因为与父母的口角，有的仅仅是因为老师家长的一句批评，有的是因为父母不同意自己毕业后考研深造。这些自杀的理由听起来不可思议，如果说这样简单的理由就能够致使一个人放弃生命，那谁还敢管教孩子呢？或者到底该怎么管教孩子呢？他们搞不懂，究竟自己做错了什么？家有独生子女的家长们在边上看得也心惊肉跳，现在的孩子为什么心理会如此脆弱？究竟该如何管教青春期的孩子？背后的教育学、心理学、社会学的原理是什么？这一系列的问题，都值得我们深入地思索和探究。

从新闻上我们也常常看到青少年犯罪或轻生等令人痛心的极端案例，如某名校大学生犯罪杀人案、北大学生弑母案等。我们不禁要问：问题出在哪里？是什么造成了这样的悲剧？培养出一个问题孩子，究竟是哪一个教育环节出了问题？是学校的问题，还是社会的问题？怎样才能避免这类悲剧的发生？在笔者看来，亟待反思的，可能不仅仅是社会和学校，更多的应该是分析家庭教育到底出现了什么问题。

中国人民公安大学教授李玫瑾，也是中国心理学会、法律心理学分会副会长，同时也担任中国预防青少年犯罪研究会副会长。她用40年以上千例的罪案为研究对象，为众多中国犯罪心理画像，并回溯亲子关系对人格的影响，总结出了几个关键观点。核心观点是讲，人的心理发展有顺序性，表现的问题有滞后性，很多案件表现在成年，但问题的形成不在成年。孩子的心理问题往往会滞后反应，人的心理特征与早期抚养有密切关系。李玫瑾教授认为很多人之所以犯罪，重要原因是性格缺陷，并指出亲子关系是人性格养成的至关重要的因素。

我在一所师范院校工作，因工作关系接触过各类学生，每年都有数名因抑郁症、生病、厌学、网瘾、交际困难等原因退学或休学的学生。出于对学生心理健康的关心，我会和她们进行较深入的交谈，对于其中具有普遍性和典型性的情况，我也有意识地分别做出分析和梳理。长期的学校教育工作经验积累，以及观察大量的家庭问题案例，使我发现了一些存在其中的较为普遍的规律，那些学习困难、学业失败、人际交往、纪律问题、严重心理疾患的学生，往往背后都有一个有问题的家庭。这种联系有时惊人地准确，这也使我不断地确认，孩子的问题本质上就是家长的问题。孩子身上出现的多数问题，源于父母的影响，或是出于父母教养方式不当。同时，我也观察到，人们很难认识到更难以承认，孩子的问题多数源于家长的问题，而大部分来咨询家庭教育的父母，都带着一个“帮我改造孩子”的目的。

在孩子的成长成才中，家庭、家长、教养方式扮演着极为重要的角色。从客观因素上讲，父母受教育程度的高低、城乡差别、家庭经济收入水平、社会经济背景的高低，都是构成青少年成长的外部环境，是对孩子成长成才产生重要影响的客观因素。有研究表明，低社会经济背景的青少年，更倾向于自我否定、自尊水平低、自律力差，有行为问题、焦虑和抑郁等。

孩子厌学、不愿意上学，学习注意力不集中、不吃苦、贪玩，甚至网瘾，沉迷于手机和网络游戏不能自拔，等等，这些现象都是孩子的行为表现。急于改变这种状况的家长们，往往首先想到找名师课外辅导、给孩子报名参加培训班，甚至想通过买学区房、转学、换环境等方式来改变现状。但是很多时候事与愿违，因为我们如果不找到问题的内在原因，仅仅依靠外部努力，并不能从根本上改善和解决问题。纠正行为，需要我们抽丝剥茧，找到根源，然后才能对症下药。

我们从大量的案例调研中发现，多数“问题孩子”出现问题的背后，隐藏着来自家庭和家庭教育的深层问题，这些没有得到妥善解决的问题，才是真正的问题根源。

网瘾孩子的家庭中或多或少存在这样的情况，父母离异或关系不好；

家庭氛围不好，缺乏温暖；家长忙于事业顾不上管孩子，孩子得不到父母的爱和陪伴；父母对孩子不尊重不重视不理解，等等。从能量的观点看，网瘾的孩子心理能量低。他们在现实生活中的成功体验少，受到关爱和尊重的机会欠缺，只有从虚拟世界中去寻求成功体验，从虚拟世界中去实现掌控感。

对于普通家庭而言，在日常的教子过程中不可避免地会遇到一些小问题的困扰。比如孩子沉默寡言，不愿意与父母交流，果真是孩子天生的性格问题吗？孩子生活中杂乱无章、不整齐的生活习惯，还有沉迷手机，果真是这个时代孩子的通病吗？如果从家庭这个角度去找寻原因，我们注意到，除了生活环境、条件和习惯等因素以外，很大程度上与家庭氛围有关。进一步深入观察就会发现，孩子的很多心力可能都消耗在与父母的争吵中，进而导致心力不足、能量不足，学习时也就无法全力以赴和专注投入，注意力亦难以集中。如果孩子在做事情时，总是被父母打断、打扰，未能沉入地完成一件事，那么他独立做事的能力就有欠缺。

然而，越是有问题的家庭，就越是认识不到自身职责——家长角色的重要性。很多在亲子关系和家庭关系中遇到问题的家长，除了找学校、社会等外部原因外，都认为是孩子出了问题，认识不到自身的问题。来自家长和家庭的因素，如果得不到恰当的处理和解决，便很难从根本上解决孩子的行为问题。

教育目的本来就是向着更美好的世界和更美好的未来去努力。我们更关注的是教育尤其是家庭教育中那些可以改变的因素，比如家长们关于教育的知识、能力、素质。本书中，我们将从家长们的教育行为出发，关注家长们的教育行为带给了孩子怎样的影响，以及如何施以更好的影响。这些知识帮助家长提升理念、改变思维和行为模式，从而为孩子成长提供更好的家庭环境，对孩子施以积极的影响，减少控制以及带给孩子的负面影响，促使孩子的成长向着更好的方向发展。这种有意识地培养、引导、塑造的能力，我们称之为家庭教育力。它是可以通过对于家庭教育知识的学习来提升的能力。

如果家长们能够意识到自己在家庭教育某方面的欠缺，就知道该如何对症下药，自己首先做出行动上的调整和改变，就会使孩子朝着好的方向转化。本书面向家长的学习，看问题的一个重要切入点是，孩子有问题，家长要改错。这就是我们所要主张和建议家长的，遇到问题，看向自己，看向问题的本质。看到孩子有问题，首先要反思自己的问题，并在科学理念的指引下做出相应的行动调整。

当你读到这本书，也很可能是因为看到自己的孩子身上有许多问题，不知所措，才去寻找解决问题的办法。希望你读完这本书，会发现只有调整自己才是解决问题的答案。

家庭教育与学校教育

现代学校制度是人类文明发展的重要成果。学校教育提供给孩子最为组织化的教育，以学科、课程、教学和集体活动为主要内容开展，实现最高的教育效率。在我国，拥有1700多万教师的基础教育教师队伍，服务于4.3亿个家庭，为最及时地反映时代科学技术的进步提供了最有组织化的保障。在上海某一所试点学校所探索开展的教学改革，不到两年之内，通过各类教育论坛或交流学习的方式，就在其他地区得到了学习和推广。所以说，最有效率的教育就在各级各类的学校中。可以说，学校在人才的高效和系统培养方面，具有家庭无法替代的优势。

但是同时，标准化、趋同化、大规模、按照年龄段而非儿童心智发展水平组织起来的现代学校，在个性化教育方面也有不可避免的弊端。在学校里，学生们失去了很多获得生产生活经验以及德智体美劳全面发展的机会。现实地看来，目前学校教育也存在许多时代发展阶段带来的实际问题，比如应试化导向严重等。有些事关孩子长远发展的品质和能力，必须在家庭课堂中才能得以补足。

对孩子成长而言最重要的环境，是家庭内部环境。中国家长们极度重视孩子的教育环境，他们想方设法给孩子提供好的条件和环境，以至于“学区房”炒出了天价，认为能够把孩子送进重点学校或名校，就进了保险箱。然而，事实上这背后折射出的，既是家长对学校环境的过度依赖，也是对家庭内部教育环境和家庭教育功能的忽视。家长的教育责任缺失，将教育子女的责任完全交给了学校和社会。在这样的环境里，孩子受不到良好的家教，还对“自由”有片面的理解和追求，加之缺少优良家风的熏陶和指引，导致行为上缺乏规则约束，德行品质上缺乏引导和训练，也就影响了孩子身心的健康成长。

进入21世纪，学习革命的到来，教育观念也在发生着巨大的变革，学生家长和学校的关系也发生了很大的转变。未来的教育，必然是社会多部门协调的整体，家庭与学校势必走向更为紧密的合作。在2019年中国教育三十人论坛上有学者提出，人类社会教育正在出现“全域化”特征，“学校教育、家庭教育和社会教育的边界正在解构。现在的教育是学校、家庭、社会和校外培训机构，分别对同一个学生进行教育。但在全域教育时代，彼此独立的教育体系正在融合，如何将学校教育线上线下融合，学校与家庭沟通协同，校内校外衔接，学校和社区共治，这是未来教育的重大挑战”，同时，“教育将从过去封闭的个体化的教学转向开放的、集智化的教学时代，家庭与学校的教学协同性，教育资源配置的协同性，都将在人工智能的发展下，发生重大变化”（张志勇，2019）。换句话说，人工智能时代，家庭与学校在培养学生方面将需要取得更大的协同。

在教育中，学校和家庭各自承担起各自应承担的责任，从孩子的成长成才出发通力合作，才是教育的理想状态。近年来，教育领域开始探索更有效的家校合作形式。通过家委会、家长会、家长学校、家访、互访、通讯联系、开放日互动等方式，有组织地为家长们提供帮助，改善和提升教育理念、知识和方法。

关于现代人才的培养，中西方有许多共同性因素，比如批判性思维、成长型思维、人际交往素养、培养国际性人才要有全球性视野等。联合国教科文组织曾经指出21世纪人才的素养基础是：学会学习、学会生存、学会合作。孩子的成长变化、知识的淘汰更新，以及教学理念、方法及技术的创新与发展，作为家长的我们在过去那个时代所获得的成功经验，很可能已经过时了。因此，我们必须立足当下，把中国的教育放到人类的发展历史长河中，对未来也要有更为恰当的估计，并站在世界的广阔视野中看我们要去向何方。

在未来公民所必需的21世纪核心素养中，学校所擅长的是培育语言、数学、科技、人文与社会、艺术、运动与健康、信息素养等基础领域的知识和能力，而且学校教育的效果显现会有一定的滞后性。而家庭教育更应该关注的领域，是那些课堂上难以充分照顾到的、对人生幸福而言更重要的能力的养成，比如价值观、思维力、情感、意志、人际交往、终身学习能力与成长等素养。另外，能够将学到的知识进行迁移的能力，也是未来人才最重要的核心素养之一。

今天我们讨论家庭教育的重要性，也要把它放到当前教育的大背景下来探讨，特别是要面向未来孩子们生存和生活需要的核心素养。

成功的家长和家长的成功

法国教育思想家米歇尔·德·蒙田说，人文科学中最难最伟大的学问似乎就是儿童的抚养与教育。

怎样才算是成功的家长？可能没有人会给你一个标准答案。各行各业都有自己的成功标准。比如，你可能通过努力创造出很好的作品，获得很大的财富，或取得很高的成就，达到很高的地位，但是，这些人们心目中一般意义上的成功，与家庭教育的成功并非必然一致。每个家庭都有不同的情况，每个孩子的长成也是千差万别，而且不管是品德还是能力发展，都一直处在变化发展之中。他们中既有早慧的，也有大器晚成的，既有没读过985、211大学的商界精英，也有受教育多年的高才生却走上违法犯罪道路的。所以，到底什么样的家庭教育才算是成功的，似乎难以定论。对家长而言，更没有一个可以对培养孩子成功与否下结论的时刻。

就像前几天女儿听说《学做家长》这个书名，就有这样的评论：你自己还没有做到的，就去教别人，岂不是空谈和说教？我说：对经验和教训的反思也能带给别人收获呀。孩子戏谑：那还不如把书名改为《家庭教育：那些我没有做到的》，更真实。

这两天女儿听说初稿即将完成，对我说：如果你这本书一定要出版的话，那让我先做个声明吧，嗯，我得承认，自己确实有些方面还算优秀哈，不过呢，我认为这里面只有百分之十是家庭教育的成果哈。我说：嗯，那我也值得为这百分之十的影响付出百分之百的努力，虽然我做的还很不够。

一般来看，人们会从不同角度、不同年龄阶段、不同位置，对你有不同的期待。你自己，你的父母、公婆、丈夫、孩子、同事、朋友，以及学校的老师和社会，也会对自己有不同的评判标准。在当前的大环境下，很多人，特别是高中生家长，倾向于用孩子的考试成绩来判断家长的成就，看到谁家的孩子取得了某些方面的成就，或者学业成绩好、排名高，考取了国内外名校，就觉得人家的家庭教育是成功的。这很正常，孩子的学业成就确实是家庭教育成果的一个重要体现，但是，也不能够代表全部。家长的成败得失，很难用简单的几个指标来概括。

不过，对于做家长的成败得失，你可能会持有自己的感受和判断。比如，你发现无论你在培养孩子身上怎样的努力，孩子距离你所期待的差距还是那么大；要么你再怎么“事业成功”，孩子对你根本就不满意，你与孩子想要的理想父母有着很大的差距。有时你会从孩子的进步和成长中感受到骄傲，得到成就感；有时，你又会从别人和自己孩子的比较中感受到差距。

在家庭教育对人成长成才的影响方面，有一种观点认为，孩子的资质本来不同，家庭教育对孩子成才影响甚微。我们并不否认天赋和基因的决定性作用，特别是在智力和技能发展方面。但是，过度强调孩子资质的差异，容易陷于消极被动，而忽视了教育带来的影响。事实上，普通资质的人至少占人群比例的90%以上，人的发展却会因为家庭教育的不同而有巨大的不同。已经有相当多的研究和实践表明，对普通的人群而言，优秀子女是优秀家庭教育的成果，问题孩子是问题家庭的产物。从这个意义上讲，每一位家长都应该极端重视家庭对一个人的成长影响，努力去实现好家长角色，尽最大可能地给予孩子最好的影响。这是每一位家长的应有职责。

事业成功给我们带来的成就感，远不及培养好孩子带来的成就感来得更强烈、更踏实。事业上的挫败感我们可以承受，而培养孩子如果出现失误，则不只有挫败感那么简单。在这个问题上，我相信你能够认可这一点：做家长是否成功，你自己的内心才是最终的裁判。可能你心里会有一个自己的理想，也正朝这个方向付出努力，但究竟是否成功，你必然会有所感受。培育子女过程中的一切感受，是自信笃定的还是忐忑不安的，是充满期待的还是焦虑不堪的，是令人欣慰的还是充满失望的，是轻松愉快的还是痛苦压抑的，那些都是我们自己内心会给出的答案，是冷暖自知的感受。

家有青春期孩子的家长们，正处在青壮年到中年阶段，角色和责任是多元的，在外承担社会责任，在家要养育、管理和教育子女，这些任务都需要同时进行。有些家长纠结于工作和生活的冲突，认为赚钱养家，会牺牲陪伴孩子的时间，或者有时间陪伴家人和孩子，却没有能力给孩子足够的经济支持。事实上，这两者之间并不存在绝对的冲突，不论在工作场所还是在家庭生活中，我们都应尽心做到更好。

给予孩子高质量的爱和陪伴，既需要投入时间和耐心，更需要家长的智慧。所以，与其说我们想要努力把家长这个角色做到“成功”，不如说我们希望能够把家长这个职责做得更好。想要做更好的父母，你一定愿意在家庭教育理论和实践上付出时间、精力，用心学习和思考、感悟和践行。

时至今日，越来越多的人开始认识到，家庭关系和家庭教育知识匮乏带来的问题，对家庭教育知识的渴求也越来越强烈。社会上有许多以学习传统文化和家庭教育为目的而结成的学习群体，还有一些商业形式的家庭教育指导培训机构、网络在线课程、听书读书APP、互动交流经验分享会、报告会、主题沙龙、家庭教育微信交流群等，如雨后春笋般应运而生。人们在这里，交流、研讨、学习、传递家庭知识和理念。在多种多样的交流形式中，人们可以采取自己适合的方式学习相关的家庭教育知识。当然，各种形式的学习都有其效果，也都有其局限。

这本书从开始写时起，我就清楚地知道，这既不是“成功经验”的分享，也不是总结“失败教训”，而更多的是从自己教子经历的回顾中反思得失，分享成长的发现和感悟，希望它能带给你不同视角的收获。

学做更好的家长

为了把家长角色做得“更好”，在学做过程中必然需要有相对清晰的调整目标。虽然成功的家长没有定式和标准，但家庭教育一定存在普遍的理想，这些理想就是我们学做家长需要努力的方向。

学做更好的家长

学校教育的目的是通过教学和课程培养德智体美劳全面发展的社会有用之才，即培养孩子成才。孩子在学校接受教育，通过考试来衡量学习效果。可是，如果家长们在家里，还把注意力放在孩子的学习成绩和考试名次上，像老师一样地要求孩子学习课本知识，管着、盯着孩子，或者把孩子送到各种特长班、补习班，那就是把家庭教育当成了学校教育的延伸和补充，把家庭当成了学校教育目标实现的场所。

家庭教育，必然包含培养培育、塑造人格的主动性在里面。想做合格的家长，或者更好的家长，我们就需要知道究竟哪些品质和能力对孩子的人生更加重要。但家庭教育的要义，应在于全人的养成，而不是一堆指标的简单相加。对于儿童的成长教育而言，任何一种过于明确的目标或指标，都太过于刚硬而成为一种局限。所以在这里，我们不使用“目标”这两个字，我更愿意将其描述为一种理想。

家庭教育首先是生命教育。你需要相信，于任何生命个体而言，健康完善的心灵和体魄才是至高的最重要的财富。在丰富的知识、开阔的视野和能力发展之外，信念、价值观、勇气和意志、良好的教养、品格、生活的智慧等，都是需要被终生发展的品质。只有这些品质，才是家庭教育的着力点。因此家庭教育的理想必须是面向未来，着眼于孩子长远的人生，着眼于孩子的全面发展。家长的所有教育行为，都朝着一个方向努力，那就是促进孩子成人，成为全面发展的人。衡量家庭教育效果和成败得失，显然不应简单地以孩子的学业成功与否作为标准，而是要以家庭教育理想的实现程度为依据。

在我看来，家庭教育的理想应致力于培养孩子的以下特质：身心能量具足，体魄健康、阳光，性格乐观开朗、自信热情；热爱生活，有充足的安全感、幸福感，积极地理解他人和世界，有感知和创造幸福的能力；自主自立的意识和能力；对自己、家庭、他人、社会负有明确的责任感；未来能够独立地幸福工作和生活；保持好奇心和求知热情、学习兴趣和动力充足；有积极向上、进取的态度；有良好的学习知识的能力；有坚毅的品格和意志力，有能力应对社会生活中的不确定性；自律力强；有良好的人际交往能力，乐于创造和分享当下的快乐；有团队合作力和领导力，等等。如果说家庭教育有一个终极目标的话，我们认为应该是帮助孩子成长为他自己。

实现这些目标和理想的程度如何，取决于家庭教育的质量和水平，与家长的知识、能力和素质密切相关。家长们亟待学习的知识，是要在科学理念的指导下，通过科学合理的方法，引导孩子发展自我，逐步建立自主、自立、自信、自律，实现孩子的自我成长。

讨论怎样提升家庭教育的质量，我们主要从家长的教育行为出发，以便家长得到具体的参考和借鉴。家庭教育中的大部分问题，一般没有原则性对错，而是处理问题的“度”的问题，是在爱与理性管教之间找到合适的平衡点的问题。在本书中我们提到的家庭教育中的几对概念，恰是常常令人左右为难的几对关系。比如，批评与赞扬、赏识教育与挫折教育、兴趣驱动与奋斗拼搏、自由与规矩、自律与他律、放手自立与坚定支持、关心与保持边界、严格要求和无条件的爱，等等，这些问题的处理都考验着家长的教育智慧。

第三部分 管教反思

究竟该“管”还是“不管”

古今中外，家长们对孩子教养方式的参与程度，对孩子学业成绩的看法，对孩子价值观的养成，管教孩子是放任还是专断，都与不同的文化背景、经济条件、社会经济环境、社会发展阶段中的竞争压力、社会制度、家庭结构、家庭出身背景或社会阶层等紧密相关。放眼世界，比较发达的美国、日本或欧洲各国，都有各不相同的教养方式。即便每一个家庭，教养方式也是各不相同。

人们总希望从教养方式中找到孩子成功与否的联系，答案却并不总是那么简单清晰地呈现出来。可以确定的是，父母的教养方式对孩子的成长有着很大的影响，但其中的联系并不总是那么清晰明了。不同的教养方式背后有不同的理念支撑，也有各不相同的培养结果。管教的严格程度和给孩子多大的自由空间，可以看作一个基本的教养分类依据。比如有的倾向于专制，有的倾向于放任。生活中我们看到，既有通过严格教育取得成功经验的“虎妈”，也有让孩子自由发展，最终孩子成为自我管理自我驱动的典范，还有对孩子进行民主管教的权威型父母的成功案例，各种情形不计其数。可见教养方式并不存在严格的好坏和高低优劣之分。我们只能从当前我国家庭教育的具体状况出发，从目前存在的较为普遍的问题出发，去寻求一些共性的教养知识。

在家庭教养方式上，特别是对于管教孩子的度上，有专制和放任两个方向，比较理想的方式则是介于其间，既尊重孩子又有家长权威的管教。

专制型父母觉得自己的想法是对的，认为只有让孩子听从自己的建议，才能保证孩子不走弯路、不出错，出于对孩子的爱，必须严加管教。这种教养方式走得比较极端就是参与和替代太多，有的甚至走向监督和控制。这种类型的父母容易限制了孩子自身的发展潜力，束缚了孩子的成长动力。我们在后文中会针对这样一些情形做出探讨。

另一种放任型家长的极端，是对孩子的要求很低，或者不提要求，完全依靠学校和社会教育，任由孩子按自己的性子自由发展。孩子怎么高兴，家长就怎么来。为了看到孩子开心，到不讲原则的地步，就是放任。有的为了取悦和讨好孩子而一味满足孩子的不合理要求，甚至放弃德行原则，纵容孩子的错，属于溺爱而不是真爱。要知道，溺爱并不能给孩子带来力量，实际上会害了孩子。有时候我们说某人缺乏家教，就是说父母对他管教不严，导致孩子的问题和不良习惯得不到纠正。而且，缺乏管教的孩子多数会流于惰性和平庸，或者承担不起生活的重担和责任。

12～18岁孩子，在生理、心理、认知、情绪、学习能力、社会交往能力、社会规则意识、自律性等方面的发展上，处于走向成熟的重要阶段。孩子在青春期阶段，是一个人格走向独立、德行价值观养成的关键时期，其重要性不言而喻，合理的管教和引导十分必要和重要。

孩子从青涩走向成熟，从他律走向自律，需要有一个过程。青春期的孩子自控能力还不够强，当然需要管理。即便是到了我们成长为父母的这个年龄，如果没有纪律约束，人们也会偷懒，更何况孩子呢？放手让孩子获得历练的机会，绝不意味着放任不管。

所以，如果你也遇到过孩子不愿意接受管教，问“凭什么管我？”时，告诉孩子“每个人都需要管，你们这个年龄自控能力不足，更需要管理。即便到了我们这个年龄，尚且需要管理，没有纪律约束也会偷懒，不管的话会走弯路甚至歪路。我是你的家长，不能不管你，不管是不对的，即使到了八十岁也要管。”“我们也是父母严加管教培养成才的。”

父母的权威和严格管教，给孩子更大的安全感。就像在军队中，服从命令、一切行动听指挥，战士才能形成强有力的战斗力一样，严格的管教会给孩子更好的方向感。更好地遵守纪律，才能提高成绩；强势理性的爱，才能让孩子充满前进的力量。在家中，父母对孩子的行为确立标准，严格要求，孩子会从父母出于理性之爱的严格管教中获得力量，敢于不断挑战自我，努力进取。所以说，严格管教就是爱孩子，是给孩子理性的爱。

青春期孩子“叛逆”吗

我们这一代人小的时候，遵从父母是自然而然的，父母让我们去打酱油醋、下地干活，我们从未说个“不”字，也从未对父母所做的决定指手画脚。看到孩子们各种与家长对抗的行为，与我们儿时差别太大，先是看不惯，然后就认为是时代变了，孩子们“逆反”了。一个比较普遍的问题是，人们说现在的孩子“不好管，管不了”“不敢管”，孩子果真都在青春期“逆反”、难管教吗?

20岁的小麦告诉我，其实不是孩子们逆反，反而是我们这些当爸妈的人进入了“逆反期”。仔细思考一下，时代在我们这一代人身上留下的是什么，就能明白一个道理。在我们的孩子长大的过程中，在他们融入更广泛的社会和群体之中时，发现原来在父母那里接受的规则很多是不对

青春期孩子「叛逆」吗

的，特别是几十年来建立起的一套关于家庭关系的信念，与现在的时代观念有冲突，所以就产生怀疑和抵触。做父母的接受不了现实的冲突，心理上不能适应，眼光没有看向自己，而是盯着孩子与我们不同的地方，各种看不惯，激起青春期孩子的“逆反”。或者说，那些被我们认为是“问题”的东西，其实只是一种正常的存在。孩子想要染黄发、扎耳洞、穿奇装异服，只是出于好奇心。在这个年龄段他们总是要试试，试过了就不再提了。即使我们知道这些所谓的“个性”并不是真正的个性成长，也没必要太在意。这么一想，觉得孩子的话还真是蛮有道理。

我们已经知道在孩子的青春期，家长对孩子正确的支持和引导十分重要。接下来我们还需要更细致地了解和把握青春期孩子的身体心理发展特点、身心成长的关键点。

孩子在十几岁到二十几岁期间，伴随着生理上突飞猛进的发展进程，认知发展进入到一个人人生中的重要时期。青春期的孩子，在品德发展、价值观养成、人际交往、学业、恋爱心理、情绪情感等方面，都会表现出不同于其他阶段的特征。这个阶段，自我的概念日渐走向成熟，自我评价起伏波动，开始对未来有思考和规划，自律意识开始形成，社会认知能力发展，责任感开始建立。这个年龄阶段的孩子，从能力养成方面，需要特别予以重视和加以引导培养，还包括自立意识、奋斗精神、自主学习能力、自信心、自我责任感和自律意识等。

青春期的孩子处于学校学习的阶段，与社会的联结度还比较低，需要自己面对的人生道路还没有真正展开，对社会的认识及人生观还处于逐步形成和稳定的过程之中。在这一时期，他们的自我社会角色认知和对未来的期待，正在逐步建立过程中，也是很容易产生迷茫的时期。

青春期的孩子在生理和心理上，身体、情绪、社会以及智力的发展逐步趋于成熟。他们想要挣脱外部的束缚，行动能力却还较弱，自我控制能力还没有很完善，所以容易受情绪影响，情绪起伏很大，容易冲动。有人说，12～18岁是孩子的青春期，容易叛逆。事实上，不同的家庭、不同的孩子，情况也大不相同。有些孩子16岁开始叛逆，有的孩子甚至到了30岁还“叛逆”，也有些孩子没有很明显的“叛逆期”。

其实青少年有一定的“叛逆性”很正常。从积极意义上来说，叛逆行为能够帮助青少年培养独立性，获得自尊以及学会自主做决定。因为孩子在青春期这个阶段，心理逐渐走向成熟，开始更有独立意识和思考能力，对于家长的言行和价值观，会从过去的依赖走向一个他自己的观察思考和判断，而很多父母并未适应这种变化。还有一种情形是，孩子小时候缺失的爱和家庭教育，以及由此带来的问题，在青春期都会更容易显现出来。这也是大家普遍觉得青春期孩子难管教的原因。

处于青春期，是孩子在迈向社会前，在成为成熟青年前，在父母身边受家庭影响比较多的阶段。父母身上也会有一些与这个时代不合拍的价值观，两代人之间观念上存在冲突，以及“代沟”，都是正常的。一般而言，这个阶段亲子关系处理得恰当、家庭教育和交流都比较顺畅的话，等孩子到了18～21岁的高中毕业前后和大学阶段，也就是走向成年的青春后期，孩子的独立意识和能力会进一步增强，与父母的关系将变得融洽，会更容易接受父母的价值观和观点。

与此同时，青春期孩子的兴趣从父母转移到同龄朋友的友谊和交往上。这个时期的孩子关注他人对自己的看法，观念和行为更易于受到同龄朋友的影响。这些都是家长们所面对的挑战。

如何陪孩子更好地度过青春期，是每个家长都要面对的课题。可以说，这个阶段既可能成为改善亲子关系的机会，也可能带来亲子关系的疏离。因此，对家庭教育而言，青春期这个阶段就显得尤为关键。这期间，家庭氛围的好坏、家庭教育质量的优劣，对孩子的影响巨大。

不论你的身份职业，管教子女都不是轻而易举的事。对孩子行为有好的促进，孩子愿意听、能听得进的道理才算是有效的“管教”。为什么当今人们觉得孩子比以前更难管教了呢，而且不敢严格管教孩子了呢？

中华文明五千年历史上，没有出现过所谓“逆反期”这样的字眼，虽也有“逆子”“忤逆”这样的提法，孩子逆反是个别情况。人们认可“子不教父之过”的道理，就是对严加管教的认可。可是，反观从20世纪八九十年代以来到现在，“青春期”似乎成了“逆反期”的代名词。家有青春期孩子的家长们，聊到孩子，一说“青春期”这个词就十分会意，认为青春期的孩子难管难教，和孩子在一起得“小心翼翼”，纵容孩子的不良行为，害怕惹恼孩子而不敢批评，甚至“讨好”孩子。仔细考察可知，当今孩子的青春期管教问题确实存在一定的普遍性。对于青春期孩子的管教，要不要管，管什么，哪些该管，那些不该管，怎么管，家长们还是有很多的困惑。

有一种观点，把孩子不受管教归因于个性差异，认为别人家孩子给一个眼神就解决问题，自家孩子却不拿大棒敲都不知改！孩子的个体差异确实是存在的，但是作为家长的你，更应该考虑的是自己的管教方式能否优化的问题。眼神还是大棒，关键还是在家长，要看你在孩子心目中的权威有多大。

管教的目标

在孩子的教育问题上，该管的必须管，不该管的不多管。凡事有度，行中庸之道，才是遵循事物本来的发展规律。严格管教，管什么？管教的目标是帮助我们分清哪些该管，哪些不该管。我觉得最为关键的有几点。

一是管教要立足长远，着眼于孩子幸福人生的考虑，重视孩子的德行培育。

从当前社会普遍存在的现象看，一提到家庭教育，人们很容易想到孩子学习成绩的好坏。谁家的孩子“学习好”，考入了重点学校，进了名牌大学，这些显见的指标几乎成了人们判断家庭教育成功与否的唯一标准。那些本应在孩子进入大学之前就养成的、影响孩子和家庭终生的人格品质，在孩子品性形成的关键时期却被忽略了。但是这恰恰是当前家庭教育最大的误区。

焦虑的家长们过度关注孩子的学习成绩、分数名次，只盯着孩子的学习，却忽视了德行培育和责任感的养成。这就使我们的家庭教育进入了一个误区，成为一种功利和短视的行为。

高智商和学业成绩优秀、名牌大学，并不能保证孩子的未来。一个人的品德素养才是长远发展最坚实的基础。德为才之先，培养一个孩子，最重要的是德行责任。优雅谦逊的态度和素养，善良正直高贵诚实的人品，奋斗进取的精神，勇敢担当的勇气，坚毅的品格，既是一个人综合素养的体现，也是孩子一生的精神财富。

家长必须认识到德行养成的极端重要性，注重孩子的德行教育，应把教育渗透于生活的方方面面，有意识地加以合理引导。

德是内心的准则，行是德的外化。在体现孩子品德价值观的言行面前，家长必须理性、严谨、讲原则。优秀的家长会给孩子确立高的德行标准并严格要求，让孩子接受严格的德行训练。

孩子的德行教育要符合“知、情、意、行”规律，家长要告诉孩子哪些是他需要知道的规则和行为边界，生活要合乎道德要求，在个人和他人的关系处理上，明确地知道不能去做损害到他人和社会的事，明白“己所不欲勿施于人”的道理。比如守时，比如礼貌、遵守公共秩序、诚信、言而有信、尊老爱幼、遵守纪律、注重节约，等等。有时候，需要通过制定一些家庭规矩，让孩子知道什么是对的，什么是错的，并学会为自己的行为后果负责，比如，在有事先约定的情况下，回家迟了就自己做饭或饿着，自己不洗衣服就穿脏的；零花钱超前花光了就需要自己干家务……一些小代价的补偿行为，使孩子“长记性”，也是可以有的。

这期间，关键是培养孩子的德行养成和自我责任感。让孩子知道每个人都应对自己决定所带来的后果负责，能够以负责的态度对待自己所做的事情、选择和决定，促使孩子能够进行自我情绪管理和行为管理。

二是在孩子的规则意识上必须要严格。

规则意识的建立应该从很小就开始了。还记得有则新闻说11岁男孩为斗松鼠而烧火，引发山林大火，引人深思。从法律上来讲，似乎没有到承担法律责任的后果，但作为教育而言，培养孩子爱护环境、爱护小动物，树立起安全意识、社会公德意识、遵守规则意识，都是应该从孩子小时候就渗透在生活场景之中。十几岁的孩子们开始接触社会，但是法律意识、规则意识、自控能力发展都还不成熟。家长必须让孩子们明白，社会是有规则的，没有人是可以为所欲为的。守规则是每个人应尽的社会义务，是社会秩序运行的基本要求。

人类都爱好自由，每个人获得自由的前提是大家都遵守社会公德和规则。自由必须伴随纪律和规则，而规则意识和社会公德意识更多地需要在家庭中养成。

没有规矩不成方圆。为了养成良好的生活习惯，同时避免坏习惯的养成，应该在孩子成长的早期就开始建立明确的规则。孩子在家里，关于家务、卫生，关于手机和电视电脑的使用时间，还有作息时间，都要有规章。制定规则有仪式，那就是开家庭会议，每个人发表意见，然后讨论形成一致意见，约法三章，贴到记事板上，大家共同遵守。这样有仪式感，规则比较容易遵守。规则执行时间长了，就成了习惯。

孩子上高中的时候，刚刚开始流行微博，不久又有了微信。孩子们十分迷恋手机上网，甚至有不少孩子手机上瘾，不带手机就烦躁不安。手机放在手边，孩子学习过程中一不留神就被打断思路，注意力分散，自然没法做到全神贯注、全力以赴，而且宝贵的时间也在无意之中溜走。当时学校坚决杜绝带手机到学校上网，发现一次没收手机，发现两次让学生回家反省一个周，刚开始听说这一要求，还感到十分不以为然，认为这是科技发展的必然，手机只是一个工具而已。但是后来意识到，我的问题是，高估了孩子的自控能力，直到看到孩子成绩的退步，才觉得必须关注和干预。

信息时代，我们的生活方式和学习方式将发生根本性的变化，掌握和运用好信息化手段是必然要求，人们的工作和生活显然无法脱离开手机了。我们需要尽快适应这一现实。孩子恰当地使用手机不是问题，不必过于担心，但是手机成瘾就是需要认真对待的问题。我们一方面利用和享用移动通信工具带来的便利，一方面也要注意避免手机依赖带来的弊端和伤害，比如久坐不动，颈部前探造成的弯腰驼背耸肩，等等。所以，我们还必须减少浏览手机对身体健康、生活方式的过度拖拽。

人们拿起手机最本质的动力，是希望通过网络交流寻求爱和获得与外部社会的联结。很多孩子之所以手机成瘾，有一种隐藏着的心理因素在起作用，就是对于失去社会连接的焦虑和恐惧，担心错过信息，担心被社会淘汰。了解这一点就可以知道，给予更多现实的爱与关怀，才是帮助孩子从手机依赖问题中走出来的根本途径。

既要严格管理，又不能唠叨，对于不良的习惯，如看手机消耗时间等，可行的办法就是商量建立共同遵守的规矩。事实证明，只要讲明道理、明确要求，孩子是理解的，这既确保了正常的作息、保证了学习效果，也强化了孩子的行为规则意识。

后来，我们找机会开了一次专门家庭会议，对于使用手机的时间和频次做出了明确的规定，并约法三章。每天限制在固定的时间段内、限定的次数以内使用手机，其他时间则不允许她把手机放在身边，并把这个规定写到纸上，贴在墙上。这个规定在孩子高考之前，一直严格执行。类似的规矩我们家还有，比如孩子晚上外出，十点以前必须回家，如有特殊情况，必须电话告知父母，说明自己在哪里，和谁在一起，最晚几点回到家，这样很好地保证了孩子的作息时间。

说教有用吗

很多父母一听到“家教”这两个字，就会联想到对孩子实施教导、指教、指导、说教、教诲、说服等这样的“教育”行动，或和声细语，或苦口婆心，或严厉，或幽默风趣。总之，就是想把自己所知道的所相信的知识、自己的价值观讲给孩子听，认为孩子听进去了、记住了，自己的教育就成功了。其实这远远不是教育。家长讲的道理再多，孩子不爱听、听不进、不接受，还是没有用的。

我们这一代人，知道很多“应该如何”的知识。比如，早睡早起锻炼有利于身体健康，在长辈面前要谦虚谨慎，要守社会规矩，要善待他人，要努力刻苦，等等，但我们不知道该如何让孩子也这么做。看到孩子执行力不强，或者不听父母的话，看不到我们所期待的结果，就生出很多烦恼。

家庭中的多数分歧，本来并无对无错，但是讲道理，常常是把自己放在道德高点上要说服对方，也隐含着对孩子的信心不足。这样的做法往往让孩子感觉到家长是在否定自己，他们感受到的只有打击。这样的说教，杀伤力很大。

说教常常是没有用处的，在这里分享一下从经验中得到的体会。

其一，家长们总以为通过讲道理，就能够改变孩子，避免孩子走弯路遇风险。但事实是，世上没有绝对正确的道路，无论你的见地有多么正确，生活的道路，孩子早晚还得自己一步一步地走，他们不会因为你的正确提醒而减省哪一步。事实上，每一个人都需要自己在经历中成长。

有时候可能从书上看到或从同事朋友那里听到了某些道理或者办法，你觉得很重要或很有用，就特别想让孩子知道，于是就开始了自以为对孩子有益的教育。比如某天早上，我看到中国教育报上的关于高考招生方面的一些信息。小麦醒来时，我给她看了看，然后告诉她一堆大道理：不能有依赖思想啊，要努力学习，不能懒惰，不能有不劳而获的念头啊，等等。有一次我把“边阅读边思考，谁不善于阅读，谁就不善于思维”这类话抄到小麦面前随时看到的小黑板上。过了几天，发现没什么好的效果，甚至平白增加了她的压力，后来就悄悄擦掉了。现在想想，家长的这些做法，实在是一厢情愿、毫无意义，甚至十分可笑。因为我们所讲的道理，可能根本就不是孩子现在所能够体会的，或者不是她现在愿意接受的。这也就是说，家长的说教极有可能恰恰是孩子所反感的“唠叨”“讲道理”。

想想看，你所信服的观念，或者你现在正在试图讲给孩子听的道理，有哪几条是从你妈妈那里听来的呢？你会发现大部分还是来自自己的生活体悟，你所讲的经验教训，多数都是你自己习得的。所以你就可以理解，孩子并不需要你的说教和讲道理。

其二，我们所讲的道理可能自己还没有做到，缺乏说服力，孩子不会心服口服；孩子早已听过多次的大道理，和孩子当下的需求无关，反复地听毫无意义；把你想到的统统唠叨出来，可能只是缓解了你自己当下的焦虑，可是给孩子的感受是什么呢？换位思考一下你就能有所体会：你不愿意接受或承认自己的错误，推卸责任；找理由美化自我形象，让别人相信你是好的，你是对的；还有内心的个人英雄主义在作怪，把自己或对方当成圣人来对待了；你想说服对方，让他按照你说的做。

其三，我们对孩子未来的担心可能是多余的。你的知识结构中必然有许多是受到你的时代局限而过时的、与当今时代不符的知识。要知道时代在发展，人类在进步，要相信时代是我们的，更是年轻一代的。

其四，母亲不断地讲道理，暗含着对孩子的评判、指责和否定，剥夺了孩子的自我感受。说教是对孩子自己去经历、去思考、去体悟的一种否定，在一定程度上干涉和打断了孩子自己的成长节奏。

每个人都有理，怎么讲怎么对，因此随时随地的说教容易令人感到厌烦。在家庭中，总是试图讲道理、提建议，甚至对家人进行道德评判，就成了所谓“麻烦的指导者”。家不是品德和才华的比武场，家人需要的是爱而不是正确的道理，我们该把家变成爱的居所、心灵滋养的港湾，给予家人的是爱和温暖的陪伴。

烦人的唠叨

如果做一个调查，让孩子们说说自己最为反感的家长是什么类型的，十之八九都是最反感唠叨的妈妈。唠叨把亲子关系推向疏离和怨恨不满。不仅改变不了孩子，还破坏关系，使得孩子不断远离家长。

在不唠叨这件事上，真是知易行难。写这本书的时候，我说要写一条家教原则是“停止唠叨”，女儿的反应是，老妈你现在的唠叨也不少啊！要知道在此之前我已经很有意识地努力控制自己少唠叨了。从小麦的反应看，孩子是多么反感唠叨，而让一位母亲停止唠叨究竟有多难！

很多唠叨的家长根本不认为自己爱唠叨。她会说，我在告诉孩子正确的道理呀，我在帮助他认识到自己的错误呀，我在提醒他前进道路上可能的陷阱，避免他将来走弯路呀，总之，都是为了孩子好，当妈妈的才说这些话的。毕竟，孩子身上有那么多缺点需要去指正。不唠叨能怎么办呢？

每个孩子都是在不断的试错过程中成长的。当下必然会存在一些缺点，比如生活习惯不好、有小毛病，比如坐姿不正确、吃饭挑食、拖延、睡觉晚、起床晚、不锻炼身体、学习浮躁、脾气态度急躁，等等，这时候家长看不惯，就忍不住唠叨起来，“怎么又穿得那么少？不怕感冒吗？感冒了耽误课怎么办？”“早上起床这么晚，早饭不好好吃，身体怎么能健康？”“这么小就抽烟，不学好，怎么会有大出息？”“背完100个单词再睡觉吧”“你怎么还没学完物理第二章？”

孩子的某个行为，或者某些习惯，本来只是暂时的。可是家长在边上不断指责，孩子承受不了，带给孩子的逆反能量也很大。实际上指责的效果是强化了孩子的行为，时间一久便成了不良习惯。

有一次遇到一位妈妈，见到我就开始诉苦，说孩子大了，听不进自己的话了，不理解当妈的一番苦心。她自己只是希望孩子了解一些事情和道理，可孩子嫌她唠叨！当她向我描述时，完全沉浸在对孩子表现很失望的情绪里面，非要把那个道理讲清楚，完全忘记了听者。可以想象她在孩子面前，也不会考虑到孩子的感受。那些声音听起来完全就是一些令人抓狂的噪音，可这位母亲在讲述时竟全然不觉。我告诉她，你这样做妈妈是很伤人的，你知不知道？她才疑惑地停下来。

如果孩子告诉你，你说话太多了，那么请相信，这很可能是真的。

总结一下，在孩子看来，唠叨的表现有以下几种情形：讲道理、评判、指责、抱怨、提建议、挑毛病，各种“好心的提醒”“你应该这样”“你不能那样”等各种指令。我们该反思的是，是不是我们常常说，“都这么大了，你应该这样，你必须那样”，这些指令和言行，是在用父母自己的规矩和标准把孩子的思想和行动框起来，孩子感受到的是难以言说的不舒服。

看电视剧《小欢喜》时，当我看到英子妈妈对英子的各种管教感到不可理喻时，孩子却说好像看到了我和她。作为母亲的我十分惊讶，我怎么可能那样做？但是，仔细想想，事实确实如此。孩子想吃小龙虾、炸肉，我说那些东西没营养，含有致癌物质；孩子瘦了，我一边心疼，一边说，你可得爱惜身体呀，要知道身体发肤受之父母呀；孩子胖了我则又说不要天天吃那些垃圾食品；孩子在休息时，就问她学习方面还有没有问题；孩子学习时，却又心疼她，提醒她不要熬夜，要她多运动！现在看来，孩子面对这样的妈妈几乎快要崩溃：怎么做都不对，到底该做什么妈妈才不在旁边挑毛病！

总之，孩子们最怕就像挑毛病机器一样的“直升机妈妈”。特别要小心的一点是，来自父母的否定和指责，对孩子的杀伤力很大。没有人喜欢被指责和被质问，来自父母的批评对孩子更是一种难以承受的打击，引起孩子的痛苦和反感。

评论的风险

家长们需要特别注意的是，你日常可能无意中对人对事的评论，诸如批评或者赞扬、赞成或反对，不管是对他人的，还是对自己的、对孩子的，都影响着身边孩子的判断。尤其是父母亲对自己孩子的每一种评价，好的坏的、正面的或负面的、肯定的或否定的，每一次表扬和批评，都存在利弊风险。孩子对自己的看法，受父母影响巨大。现在看来，很多家长意识不到自己的评论性语言对孩子带来的影响。家长清醒地认识到这一点，就会谨慎地对待自己对孩子说出的评论性语言。在日常生活中需要十分注意的话语包括：

一是不恰当的批评与指责。

在孩子成长过程中的某些时刻，如果家长太在意那些孩子还没有达到的认知，或是行动力的不足，包括一些缺点，以自己的标准来评判，急于让他知晓，甚至会忍不住讲一些大道理给她听，便有可能变成对孩子的指责和批评。

不恰当的批评所起到的效果，是打击孩子的自尊心和自信心，消耗了孩子的能量。有时甚至被孩子理解为一种放弃，情况则更糟。因此，父母永远不要带着攻击和批评的语气，指责孩子的道德人格，扣帽子、贴标签则更是大忌。

树大了才可以砍伐，小苗还要悉心抚育。拔苗助长、急于求成，都不符合孩子身心成长的规律。孩子的内心有足够的能量时，才能够接受批评。你可以批评她，也可以严格要求她，但有前提，就是你要把角色摆正并且处理好关系的前提下，温和而真诚地谈自己的感受和看法，也可以和孩子讨论各自的感受。

二是不恰当的表扬。

有些孩子，经常被夸奖“聪明”，然而成绩却不好。因为只靠着“聪明”和先天素质学习，就像“跷着脚走路”，不能稳扎稳打，成绩自然不理想。“天生聪明”“漂亮”之类的表扬，容易让人变得脆弱，滋生出虚荣的情绪而不是自信。比如孩子长得漂亮与否、身材好坏、智商高低等评价，很容易带来孩子的虚荣心和攀比心。现今有些孩子过度关注容貌，甚至不惜代价地进行手术整容，很可能与父母对孩子的容貌评价有关系。

如果父母总是通过表扬等方式培养孩子听话，她就学会了“听话”，做事情和学习时仅仅满足于听父母老师的话，却不能积极主动地做事。有的孩子总是急于完成作业，而不是致力于“学会”，就是源于这样的心理。

家长想用表扬来讨好孩子，实际上并不会给孩子带来力量。因为背后隐藏着的是对孩子的要求标准不高，是没有站到家长的位置上，建立起正确的家庭秩序，不能提供给孩子长远发展的力量。对于幼小儿童，仅“赏识”教育也是不够的。表扬太多，还有可能养成孩子性格中的完美主义倾向，务求每一次都做对，带来行动上的优柔寡断与纠结，而纠结则会耗费很多能量。

父母的日常言论里要尽量避免对外在的评论，而是关注那些能够通过努力带来改变的因素，肯定那些孩子依靠自身努力取得的进步、发展性的行为。比如道德成长，人格意志力层面的努力、毅力、坚持、专注、能干等；比如肯定他关心他人、乐于合作、包容他人、热情大方、诚实诚恳等人际交往中的得体表现；比如鼓励孩子的主动思考和创造意识，包括她的观点、见解、创意等。这样的表扬才能激发孩子的自信心、进取心和责任心。

父母真正要给孩子的，是精神上的支持和鼓励！记住，孩子真正需要的是勇气和力量。怎样说话才算是鼓励呢?《功夫梦》里面妈妈对孩子这样说："你能够做到专心就太棒了！"这就是鼓励。父母的信任和鼓励会坚定孩子的信念，植入正向的激励会使孩子建立起责任感，接下来行动的能力提升和习惯的养成就是水到渠成了。

当孩子的考试成绩出现大的退步，信心受到打击时，这时候若家长也垂头丧气，孩子便很难不退缩。这时候家长们可以以自己曾经面对挫折的经历来鼓励孩子。就像我们的党和国家，永远带领人民前进，表彰先进、鼓励和肯定成绩，而从不会抱怨人民群众又懒又无能。当我们的党和国家十分隆重地庆祝每一个国庆节时，我们都会体会到自豪感和归属感。所以，作为家长，你应该毫不迟疑地告诉他，"没问题，你能行"；豪气冲天地展望，"我们一定能后来居上，越来越好""你只管努力地去学习就行。跌倒了爬起来往前冲，你只管使劲儿冲就行。考差了是我的，考好了是你的""世上没有克服不了的困难，坚持不懈，你一定能迎头赶上""退步只是暂时的，退一步是为了更大的进步。退一步，进三步，剩下的就是扎扎实实地去努力进取"。在这样的鼓励下长大的孩子，对挫折有更强的承受力，有股子不服输的精气神，有破釜沉舟的勇气和战胜困难的决心。

所以，在每日家庭生活的亲子交流中，我们的建议是，在和孩子在一起的时间里，多倾听少评判、多肯定少否定、多鼓励少批评。

到底是关心还是控制

严格管教不等于控制和监督。

当你看到孩子有问题，该管还是不管？如果你总是有此疑惑，觉得自己是在关心孩子，可是孩子却认为你是管得过多，觉得你在控制他，那么就该坐下来仔细考虑考虑，分辨清楚，自己的行为到底是关心孩子还是控制？有一个判断标准你可以体会一下，在与孩子交流时，你是不是一心想要实现自己的想法，要么建议他、要求他如何如何做，要么禁止他、不允许他做他正在做的。对孩子而言，这些都有可能成为一种控制。

喜欢控制的家长，总想着让孩子听自己的话，总想着将自己的人生经验和感悟一股脑儿地让孩子接受。监督员型的家长像防贼一样地管着孩子，处处督促着孩子，生怕他精力不在学习上，但结果只能使孩子远离你。

放假前后这几天，孩子就像着了魔，随时随地拿着手机不放，眼睛不离屏幕，一直在与人联系。对我们躲躲闪闪，甚至根本不打算听我们说话了。有天晚上甚至与我们两个人吵起来，脸上的表情带着愤怒、不屑一顾、冷酷，看起来像个叛逆少年，让人直在心里打冷战。可是第二天，又像什么也没发生过，完全是一个惹人喜爱的小姑娘了。但是，只要我们一不小心流露出一点儿要教导她的样子，就马上翻脸。麦爸就更焦虑了，一看到小麦对着手机屏幕，就像点燃了无名之火，一心想着没收手机解决问题。

第二天晚上又发生了一次激烈的碰撞。

一大早小麦去外面学习，中午没回来，晚上回家说学习效果很好。晚饭后，她问能不能去沃尔玛，同学有街舞表演的商业演出活动。我和麦爸

到底是关心还是控制

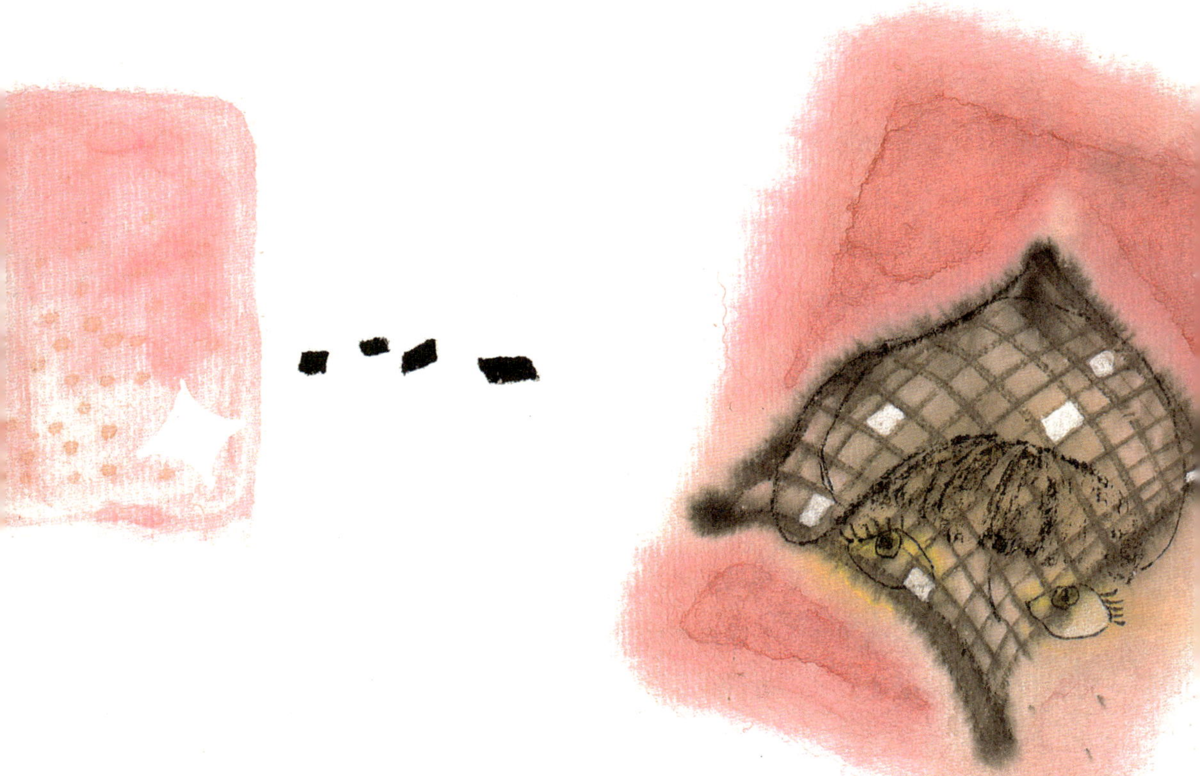

都不同意，认为不安全。另外，麦爸担心她在QQ上联络的一些朋友，不利于她静心学习。结果小麦坚持，白天学习的时间超过规定要求很多，所以晚上必须要玩。果不其然，直到晚上临睡前，她还在使用手机。

上午，她说要用手机备忘录整理化学笔记，手机放在手边了。下午她在自己房间学习，我要求把手机放到外面客厅，她说还要整理资料，手机还放在手边。

晚饭时，她要自己做一个鸡蛋饼，我觉得她第一次做，对煎锅的炉火温度没有数，就在边上帮她，而且习惯性地抢在她前面把葱花洒到了搅好的鸡蛋里面，引起了她很大的和反感和抗议。

晚饭后她很不高兴地进了自己的房间。我也意识到自己的老毛病，想去向她道歉，可是她一直不抬头地玩手机，拇指迅速地翻动。看到这里，我又不高兴了，要求她把手机放到客厅，可是她不愿意，说是我控制她太多了。于是争执就从这里开始了。我说她不遵守规则，她说我不信任她，控制从早到晚，一分钟不停止。我失控地说："不管怎样，高三期间我有权管理你的手机！"她说："那好，手机还给你，以后我去网吧不就行了？不学习了不就行了？！"我也失控地说："好，不学就不学，我也不管了！"

黑着灯躺着，心里想着刚才的情形，还有她的冷酷眼神，伤心地哭，直到胃里难受。本想可以借此感化她，没想到却引发了她的痛诉：

"你哭是给我听吗？我在学校里胃疼得厉害时给你发短信，你在忙，让我联系爸；给爸发短信，爸竟然夸我勇敢，胃疼还坚持学习！你现在胃疼正好试试，你去看看书试一试！从早到晚都在控制我，想想一天之中你讲了多少大道理？就你懂，我不知道吗？我不进取不努力吗？"

"我都是为你好，所以你必须听我的"，认为"听我的，才是对的"，这也是家长"爱"孩子的一大误区，对孩子的自我没给予足够的尊重，而走向了爱的反面。

我们往往容易急于给孩子建议和命令，因为这远比理解和接纳要容易得多。家长们在生活中经常会说，不要这样！不要那样！然而令行不止、屡教不改，孩子甚至还习惯于违背大人意愿。许多老人帮忙带孩子时也有这种情况，如果还向年轻父母告孩子的状，致使父母又去指责孩子，情况就更糟了。

还有一种情形是，家庭和社会给予孩子太多的指令，带着家长的成见，比如“对客人应该热情”“遇到爸爸妈妈的同事要主动问好才有礼貌”“在什么场合下应该什么样子”“女孩子就该有个女孩子的样子”等。家长们说这些话的时候可能觉得稀松平常，但是压抑了孩子自己情绪的真实表达，孩子的内在节奏不被尊重、接纳、允许，都会成为情绪障碍，且扰乱心力。时间久了，很容易使孩子无法专注做事。

日常生活中一些事情，比如面对孩子吃饭少、挑食、走路姿势不好、吃的东西不健康、水太凉、衣服花哨等问题，家长出于帮助孩子养成良好生活习惯的意图，随时随地地纠正。这就导致自己平时对孩子说话太碎、太杂、太随意，对孩子的行为指手画脚、挑毛病、挑剔，特别是给孩子的行为贴负面标签、扣帽子，带来的消极影响非常大。对此，家长一定要学会自我检视，有这样的情况尽快改正。

太多的禁止令会让孩子陷入规矩之中，继而循规蹈矩让人失去生命力，也对孩子造成很大的伤害。有些从小就很听话的孩子，家长们这不许那不许，这实际上是不让孩子做自己。孩子不断地感受到被否定，时间长了，就像缺少雨露阳光的花草树木一样，缺少生命活力。长大后，脑里有两个我：“我应该怎样，不该怎样”（像父母说的那样，我自己想要怎样），孩子的身与心不能和谐统一，会带来很大的心理乃至精神问题。

有许多女性，心不在自己身上，而是盯在孩子身上。她们总希望孩子按照自己认为好的方式生活，总想让孩子按自己的心意做，孩子不听，就认为孩子与自己较劲。这就把控制错当成了爱和责任。这样的控制让孩子很反感，很崩溃。对控制型家长的建议是，一定不要整天盯着孩子，把关注的眼光从孩子身上移开，转移到自我身上来。如果你内心相信孩子能管好自己，给孩子的建议和提醒的次数必然会减少。

随着孩子长大，学着减少干涉，学着减少控制，逐步从孩子自己的生活空间中优雅地退出，更是对孩子的爱和尊重。

沟通误区

沟通问题比较普遍地存在于一些家庭，影响着家庭关系和亲子关系。

不少家长抱怨说现在的孩子难以交流，家庭成员间就像各说各话的墙，谁也没有听到对方的话，交流不能增进感情和相互的理解，达不成共同认识，反而常常陷于争辩、不解、误解、反感和敌对。情况比较严重的，家庭气氛冷冰冰、家庭关系冷漠，在一起的生活缺乏情感和思想交流，很多孩子在十几岁开始就与家人不交流了，遇到事情或烦恼宁可闷在心里也不愿意与父母交流。也有些抑郁倾向的孩子，则会遇到更大的问题，平时情绪低落、身心疲惫、郁郁寡欢。

家长子女之间建立不起顺畅的沟通交流方式，无法推心置腹地交流，甚至一交谈就引起孩子的抵触和叛逆。最可惜的是，长期积累下来的失望情绪，会使得孩子放弃与父母交流的动力。如此一来，何来高质量的家庭教育生活，更难有对孩子人格的“引导”和“塑造”。

日常的亲子交流中，存在一些较为普遍的沟通障碍和误区。下面的案例中这对母女的对话，看起来挺平常，实际上可以反映出不少普通家庭交流的情形。沟通问题不消除，情况不改变，家长和孩子交流会越来越困难。

在读大学四年级的小D一直在准备雅思考试，想要出国读研，可是她爸妈想让她本科毕业后直接去做公务员，不要再去读书深造了。当母亲了解到钓鱼台国宾馆招2020应届毕业生的信息时，便告诉孩子让她考虑一下。但是孩子简单直接地拒绝了考虑应聘这件事情。小D现在情绪低落、十分烦恼，感到身心疲惫，不愿意与父母说话。

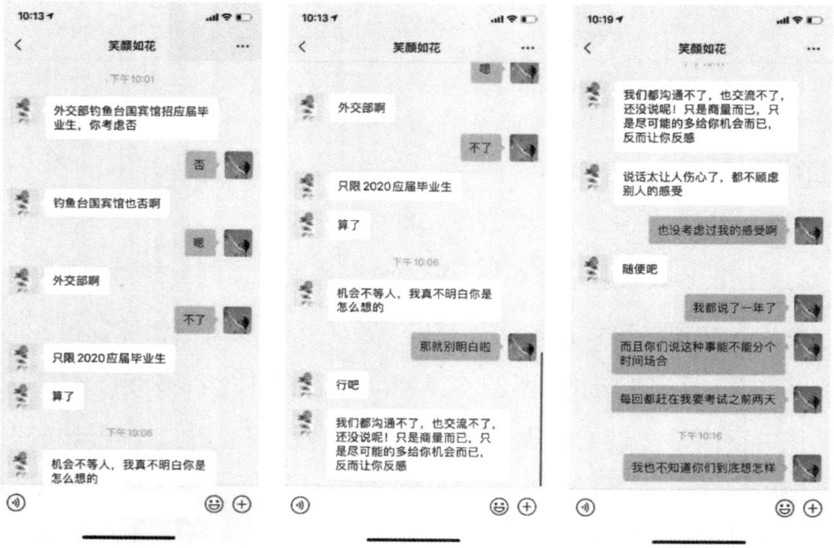

母女之间的微信聊天对话：（M：母亲；D：女儿）

M：外交部钓鱼台国宾馆招应届毕业生，你考虑否

D：否

M：钓鱼台国宾馆也否啊

D：嗯

M：外交部啊

D：不了

M：只限2020应届毕业生

M：算了

M：机会不等人，我真不明白你是怎么想的

D：那就别明白啦

M：行吧

M：我们都沟通不了，也交流不了，还没说呢！只是商量而已，只是尽可能地多给你机会而已，反而让你反感

M：说话太让人伤心了，都不顾虑别人的感受

D：也没考虑过我的感受啊

M：随便吧

D：我都说了一年了

D：而且你们说这种事能不能分个时间场合

D：每回都赶在我考试之前两天

D：我也不知道你们到底想怎样

从上面的对话中我们看到，对于就业选择这样的大事，这位妈妈没做好“沟通”准备，简单地问孩子“是否考虑”，其实是在心里预设了答案（可能是无意识地），希望实现自己对孩子未来的期待。在交流中，自始至终只想着如何说服孩子，让孩子采纳自己的建议；在没有得到说服的结果时，立即转向了指责和抱怨，把难以沟通的责任归于孩子；与孩子的交流缺乏耐心，没有留下进一步商量交流和允许孩子自己思考决定的空间；对孩子的回答没有做出及时的回应，忽视孩子的感受，对于孩子说过多次的想法，没有放在心上；孩子感受不到自己被理解和尊重。在这里面，我们看到，最主要的沟通问题原因在于，家长与孩子沟通中出现“单向性”。比如预设答案，只想说服孩子听自己的；对孩子缺乏倾听和耐心；缺乏理解和尊重；交流模式中的否定、评判等。

通过这则案例，我们可以梳理出几点较普遍存在而又易于被忽视的家庭沟通误区和问题。特别突出的是：家长听不到孩子的心声，没有倾听并考虑孩子的感受，把自己的观点强加到孩子身上，否定、指责和负面评价等。

出于对孩子的爱，表达出来的却没有让孩子感受到爱，而是责备和否定。类似的事情每天都在发生，双方的交流不在一个频道上，背后都有一个原因，就是父母是否对孩子的感受给予了充足的尊重。比如，你担心孩子会感冒，想让孩子穿厚点儿，可她说自己不冷，你还是逼她穿上了厚衣服。又比如，孩子说自己头疼，如果你只是简单地回了一句，那就去医院看看吧。这话听起来似乎没什么问题，但是，孩子的感受是父母并没有关心她的感受。笔者认为，不考虑孩子当下的感受，不分场合、不论时机地“关心”“教导”孩子，只能令孩子反感，孩子与父母的关系当然会越来越疏远。

心理学家罗杰斯说，爱是深深的理解和接受。孩子的每一句话都是有意义的，只是父母在很多时候都没有听见。读了《如何听孩子才会说，如何说孩子才会听》这本小书，我意识到家长说话的重要性，开始学着改变自己与孩子交流的方式。能得到孩子的理解和接纳，是和孩子交流的首要步骤。因此，我们需要学会倾听。所谓倾听，就是带着理解和接纳去倾听孩子的心声，能够换位思考，用心体会和关心孩子的感受。想想看，你什么时候真正仔细用心地聆听过孩子的话，而不是心里一直想着说服孩子，急于让他按照你的想法去看问题、做事情？

孩子感受到尊重和接纳，才愿意在你面前敞开心扉，愿意在你面前表达和交流想法，也愿意听从父母的正确的教导。孩子感受到你在关心他的感受，才有机会把交流进行下去，也给孩子留下时间自主思考后做出他自己的决定。当孩子和你说出他自己的想法，然后有能力的家长才可以引导和启发孩子进一步思考。

当孩子表达自己的愤怒等情绪时，你需要做的是倾听与理解，“哦，你心情不好哦”；当孩子向你诉说烦恼时，可能她早已经有了主意，我们只需要倾听即可，不要试图按自己的理解给答案；当孩子有想法或要求提出来时，第一时间要接受她的情绪，顺着她的想法去交流，“哦，你是这么想的”，“哦，看来你觉得这个工作不适合你”。

当孩子说她怕黑，说“鬼会藏在黑暗的地方”，如果你告诉她这世界上并没有鬼这回事，虽然她在理智上相信，但还是解决不了害怕。虽然怕黑这事儿，早晚得由她自己去面对，相信她早晚能够解决，但在当下，最好的回应还是，第一时间先接受她的这一感受，并用行动缓解她的恐惧。试试这样说，“哦，是吗？（接受），鬼在哪儿（让她自己去判断），不怕，有我在呢（让孩子体会到你的关心和支持），我去捉一只来给你玩儿（让她轻松地回到理性）”。

想要给孩子指出问题、提出建议和要求时，带着明确的目的和孩子交流的时候，家长需要注意以下几个要点：每一次交流，把孩子放到重要的位置上，能够换位思考，设身处地地理解孩子当下的处境和感受；耐心倾听孩子的心声；认真对待孩子的要求。比如孩子有一个想法要征求你的意见，你可以先做些相关的功课，找到相关的材料，了解与孩子的兴趣契合点，然后再做交流。

看到孩子的问题，客观地描述你所看到的事实，谈自己的主观感受，说出自己的期待，征求他的意见。尽可能地提供真实有效的帮助，比如前面的案例中，如果妈妈可以这么说，“听说一家单位招应届毕业生，我了解了一下，觉得还比较适合你，等有空时你可以自己了解一下”，这样就给了她自主思考的时间和机会，把选择决定的权利最终留给了孩子。

冲突面前你赢了谁

家庭生活中免不了有各式各样的冲突。夫妻之间存在误解和矛盾，父母与孩子之间，配偶与孩子之间都免不了冲突。生活中父母与孩子之间存在很多矛盾和误解，常常因为不起眼的小事或者一句话引起争辩，又升级

冲突面前你赢了谁

演变成争吵，带来怨恨甚至更严重的后果。

有一类家庭冲突，不是因为爱的缺乏，而是因为沟通问题。对一个普通的家庭而言，多数的冲突由不当的沟通引起。有的时候甚至本着交流和沟通的目的开始聊，却在谈话过程中陷入失控局面。

在人们的青壮年，只要你还在努力地进取，想要实现自己的某些需求和欲望，必然会遇到各种冲突。积极地面对冲突，你就会发现，生活工作中取得的一些突破性的进展，往往都是从某种冲突开始的。因此，积极地解决冲突往往成为进步的起点。所以说，有冲突是正常的，我们需要学着接受，继而就不再害怕和回避冲突；积极寻求解决方案、更好地解决问题，才是我们需要关注的。

生活中确实有些人在有意无意间形成了某种不好的语言习惯，比如一开口就用反驳的语气，或是喜欢先否定的表达，使人觉得交流难以进行下去。这些习惯时间久了，就成了“脾气”。在这种情形下，我们并不主张你过分隐忍。在人际关系中，委屈、隐忍、抱怨、攻击、生闷气、压抑等都是消耗能量的负面情绪。当对方侵犯了自己的尊严和精神边界，一味地容忍，短时间内可能风平浪静，但是解决不了根本问题，时间久了还会影响身体健康。所以，容忍是有边界的，家长们应该学会通过正面的交流和沟通解决问题。

处理家庭冲突有原则。记住一点，遇到所有的问题，都要先处理好情绪，再解决具体的事务和问题。

不攻击。你的话中哪怕带着一丝攻击的意味，对方也会马上敏感地体会到，这就是为什么有些两人之间的谈心交流，谈着谈着就变成了吵架。只有在内心认可对方、设定对方好的前提下，建立起互相的信任关系，交流才是安全的。与家人说话时，话语里面带着包容心和平和喜悦的心态，自然让对方觉得舒服。

讨论问题时，要使用肯定的语气陈述事实，避免使用反问句，否定性评论等。在交流问题时，我们可以正面地心平气和地陈述事实，表达自己的感受，提出自己的希望，真诚地请对方予以回应。比如你希望孩子早睡早起，不是去指责他晚上睡得多么晚，而是“这几天我看到你晚上睡得很晚，都在十二点以后，早上起床晚（说事实），这样长期下去我担心你的身体吃不消（谈感受），我想咱们是不是可以考虑把睡觉时间提前半个小时，这样早上就能赶上和我们一起吃早饭了（明确表达希望），你看好不好？（请对方做出回应）”

（冲突处理指导案例）

当孩子的父亲和孩子发生冲突时，做妈妈的在旁边干着急，希望马上平复冲突，劝说这个，劝说那个，结果越着急越容易使事态升级。因为你的参与会将自己的感受加进去，放大了他们俩的冲突感受。所以不管你想说服谁，指责孩子，或批评孩子父亲，都只能使事态更严重，甚至挑起更大的怒气。

时间会缓解冲突。没有解决不了的冲突，拖一拖是个好办法。允许冲突正面发生，让他们“单挑”，心平气和地看待，静观其变即可。至少不会因为你的急于参与而增加了局面复杂性。相信每个人能处理好自己的事情，解决好当下的矛盾。

十几岁的孩子在父母面前，不管说的什么牢骚怨言狠话，其实都不过是情绪的表达。家长的注意力应该放在如何帮助孩子化解情绪上，而不是评判、指责和讲道理。化解情绪有方法，需要先以接纳的态度，把情绪“顺下去”。

孩子有权利对她爸爸提出要求，爸爸也有权否决，发火是他们的自由，也互相抵消了。你若能置身事外，不干预、不掺和，他俩的关系让他俩去处理，过会儿也就解决了。所以你自可笑嘻嘻的，就像看孩子们做游戏一样，“我看你们爷俩谁掐过谁”“你们爷俩都够狠的”“你们单独商量”。其实，在这样的冲突中他们自会互寻底线，不需要你来评判谁对谁错。

父亲在气头上对孩子说些负面的话，该如何处理呢？

这时候妈妈该做的是，和颜悦色、心平气和地看着他们，理解每一方，对事情有一个积极的看向，积极地、正面地表达，“我觉得孩子这样做很好”，“你们俩我都爱，没什么对错”。

首先把孩子他爸的情绪化语言顺下去，将负面内容打包，把他的话和表现提升到积极的方向上来，因为他的出发点必然是出于对爱护家庭的考虑。对女儿：“你爸爸现在有些着急而已，过两天就好了”，比如“你看你爸为你急得，口不择言，气糊涂了吧哈……能使你爸这么暴跳如雷的，恐怕也只有他的宝贝女儿了，咱家还有谁的地位能这么高？”同样的道理，对孩子：“你看爸爸多么为你着急呀，一看到你拿着手机就抓狂啦。如果让他上这个学，他一定会豁出去，拼上去学习。可他年龄大了，没有你现在的聪明和条件。”对爸爸：“是啊，你扶养孩子这么不容易，还得不到认可，要不把她扔了吧？都怪我，没把她教育好，是我把她惯坏了。”“奥哦，是我不够好”“是我错了，别气坏了你”。当妈妈的在这种情况下把责任揽到自己这里来，先认错，这样的态度和做法，十分有效地化解每一方的情绪。这样一来，他们都感到了被理解，都能够接受，冷静下来都会想自己的不对，气氛缓解了，过一会儿也就各自都好了。

这背后的原理是，当你顺着他的气话，重复他想说的，实际上是先接受他的情绪，接下来他就有机会自我反思了。

我曾经指导一位家长用以上的方式说话，她表示很不习惯，就像在家人面前使用策略，不实在、不自在。我告诉她那只是因为她在自己不良的沟通模式里面待久了，意识不到自己的问题。改变自己的固化的模式，值得努力去尝试。很快，她就在一次家庭冲突面前看到了效果，而且在夫妻关系和亲子关系上都感受到了令人惊喜的变化。

面对家庭冲突，最大的误区就是偏执地要辨明对错。在家庭冲突中，我们经常容易陷入试图分辨谁对谁错的状况中，结果越争越乱，导致冲突升级。

有这样一句话，你该去赢得爱人，而不是赢得辩论。

就像世界上从来不缺乏观点一样，任何一个观点都不缺乏反方。任何一个观点一经提出，都会有大批的追随者，也会立即引来一批反对者；而且双方都能够提出证据，充分有力地论证自己的正确性。你的辩论能力可能使你在社会上、在工作场合中暂时地赢得上风，但是，日常生活本无原则性的对错可言。在家庭中处处强势，道理上总想赢得上风，可能让你输掉家人的爱。一心想着要帮助孩子“改掉错误”，你可能看到孩子听了你的话，服从了你的意志，可是，你把“道理讲通了”“赢了”的结果，很可能解决的只是孩子听不听你话的问题，破坏的关系却很难弥补。想一想，到底你想要赢了道理，还是要赢得孩子，取决于你自己。

冲突面前，先处理好关系。关系好的前提下，先处理情绪，后处理问题，是家长与孩子交流中需遵循的原则。如果关系处理好了，孩子信任家长，你所讲的他才能够听得进，才能有效果，相反，讲道理这种方式，不仅没有用处，反而会带来反感、逆反，甚至亲子关系的疏远。尤其是边讲道理还发脾气，用愤怒来显得自己有家长权威，不仅没有用，而且教会了孩子用同样糟糕的方式处理问题。关系好了才能教，这个先后顺序一定不能忘记。因此，如果说交流中也有策略的话，我的建议是，如果你和孩子意见不一致，最好是先对你所不同意的表示“赞同”。

沟通是为了达到相互理解的目标，而不是争对错。明确了这一目标，就不会总是把注意力放在证明自己的正确性上。如果我们能够心平气和地把沟通重心放到共同寻找解决问题和处理问题的方法上，就能避免冲突升级的状况。想得到对方的理解，也要诚恳地理解对方。在沟通中，能够换位思考，能够倾听，比说服更重要。

“爱”与真爱的距离

天下父母都认为自己爱孩子，舐犊情深这一点似乎毋庸置疑。为什么父母还是要学习如何爱孩子呢？这是因为，事实上，我们自以为是爱孩子，但与真正的爱之间往往有着很大的距离。

我们一直在强调爱的教育，那么在这个过程中，我们做家长的，能够给予孩子的究竟是什么？财富？天赋？智慧？知识？环境和条件？爱护和关心？上面提到的显然都是，都非常重要。但是，教育还有一条重要原则，就是必须找到理性。家长给予孩子的爱，是有理性、有边界的爱。哪些是该给予而没有给予的，哪些是你强加给孩子的，这几个问题确实值得奔忙的家长们停下来认真思索。

下面这些常常发生在我们身上的情形，都属于家长们“爱孩子”的误区。

其一，把替代和控制当作爱，强加给孩子。在这一类行为中，大致由如下误区：

教子中最常见的误区，是“爱孩子”“为你好”成了父母焦虑和执着的面具，而且自己浑然不觉。为了给子女富裕的物质生活而起早贪黑地拼搏事业，顾不上陪伴，忽视的是孩子的心灵需求；为了避免让孩子吃苦而不让他经历风雨，自己替代孩子去做事，孩子的成长却得不到锻炼。许多时候，人们做的事情都说是出于伟大的父爱或母爱，并且你自己也始终这么坚信，甚至还因不被理解而感到委屈。不被理解，其实正是你看不清这种关爱的真相，所以带来了如此多的亲子障碍：控制、替代、漠视、否定、责备、愤怒、委屈、疑惑、焦虑。

教育孩子还有一个误区，以自己的社会价值观束缚孩子。我们这一代家长还容易犯的一种错误，就是把孩子的表现当成自己的面子。比方遇到同事打招呼，便逼着孩子“热情谦虚礼貌”，孩子没有表现出热情（实际上是家长的需要），就如此评判：啊，我们家这孩子这么不懂事，不懂礼貌啊！遇到学习好的孩子家长就说，我们家这孩子不爱学习，光知道玩儿。还有，经常要求孩子必须与小朋友分享自己的玩具，如此等等。家长这样做的时候，只考虑到了自己的面子和虚荣心，使自己是显得礼貌周到、谦虚和气，没有考虑身边的孩子内心的感受。

早上送小麦上学，看到车窗外一派春意盎然，开心道，“春天的早晨，花儿们都开了，孩子们——”小麦笑着接茬道“——挣扎着上学了”。哎呀，上学果真有那么苦吗?

正在这时，一辆红色轿车猛地从后面超过来，强行插到另一辆车前，并到我们的车侧，看来还准备继续夹塞，我点住刹车让它先行，小麦说：“这么没礼貌，还让它加塞？”我说：“没准儿里面也坐着一个急着上学赶时间的小孩，老吾老以及人之老，幼吾幼以及人之幼嘛。”小麦耸耸肩笑着说：“老妈为什么总在出让我的利益面前那么豪迈呢？”呃，这还真是个问题。为什么做点事情，都是我的好呢。

仔细考虑一下，作为母亲，对孩子的感受不以为然，常常连想都不想就替代她做出判断、决定，这样的忽视和替代，事实上也是一种形式的不尊重。

现在我知道，这也是对孩子缺乏“边界感”的一种表现，是家庭教育的误区。类似的情形包括，把自己希望实现的目标要求孩子去实现；不恰当地要求孩子达到更高的目标，等等。许多做父母的暗自以为自己“无所不能”，并把这种希望寄托到孩子身上，抱持着望子成龙的心态，希望在孩子的学业或者特长等方面能力中体现出来，不顾孩子自身的发展状况和特点，在才华能力方面过高地要求孩子。这样的父母天天与孩子生活在一起，家长的这些期待和做法，都成了孩子不得不承受的压力。而在日常生活中所体现出来的忽视、替代、否定，都会影响到孩子的心理成长，甚至造成伤害。

还有一家庭教育误区，家长的眼睛总看向“别人家的孩子”。只看到别人家的孩子懂事、懂礼貌、学习刻苦、聪明能干，却只看到自家孩子身上的缺点。看到孩子没有做到或达到自己的期望，就满腹焦虑、发脾气、批评孩子，都是家长自身不成熟的体现。把自己的孩子与别人的孩子比，比成绩比性格，看起来是希望孩子将来更强，实际上在无意识中对孩子的自尊心、自信心形成打击。想想看，“别人家的孩子”成了多少孩子少年时代的心灵阴影？每一个孩子都是独一无二的，别的孩子身上的优点，不是你看到就能复制到自己孩子身上的，别人家的教育经验不一定适合自家孩子。

进入二胎时代，家中有两个以上的孩子，这种孩子之间的比较就更经常了，从比较中带来的问题，甚至伤害也容易更多。在比较中，对孩子当下的状况进行评判、比较，甚至贴性格标签，对孩子的伤害非常大。

另一家庭教育误区，是家长常把溺爱当成爱护。父母溺爱，替孩子做了孩子本应自己去做的事情；或是对孩子提出的要求无原则地答应，以至于百依百顺；或者在孩子犯错时纵容袒护。这样的溺爱，带来的是孩子要么骄横跋扈，要么面对挫折胆小怯懦，心理不成熟，建立不起自我责任和担当，未来难以适应社会，独立生活能力弱，遇到问题容易产生无助、恐惧，生活中不得不面对更多的痛苦和问题。

其二是带来压力的爱。

给孩子提供安全、保护、养育、温暖和爱，这些都是做父母的本分。为了孩子健康幸福地成长，天下父母都愿默默付出、精心呵护，每日辛勤劳作。

可是，有的父母为孩子做事情时，不是非常高兴地去做，而是心里委屈，抱着希望回报的心态，“我为他做了这么多，他还不领情”“如果他知道我是为了他的未来，他就应该更努力些”。当下我们可以自己体会一下，这种心态里面暗含着的功利和讨价还价，在孩子那里，他感受到的其实不是爱而是压力。

孩子希望回报父母的爱，远超过父母希望得到的爱。这是我从很多孩子身上看到的。正因为孩子太希望回报父母了，所以面对父母对他们的期待，非常容易被孩子察觉，其内心也会认可这种期待，觉得这是父母对自己好，他们也会努力地满足家长对自己的期待。他努力地学习，想要考得更好的成绩，将来还会在找对象、找工作时都想要让爸妈满意，不想让爸妈失望，他把很多的心力都放在这里。我相信，多数父母一定不希望孩子负重前行，而是希望孩子阳光开朗、轻松自信地前行。所以，在很多时候我们作为父母确实应该反思一下自己的行为，感受一下自己的爱和付出是否已经成为孩子心理上的负担。

家长自己没有明确的生活目标，生活的重心完全放在孩子身上，活在孩子的生活里，也会给孩子造成很大的压力。我们经常看到有些女性，生活的重心完全放在孩子身上，即使是“不求回报、无条件付出”，这样完全没有自我的爱，也会给孩子带来很大的心理负担。当一个人的心里贫穷时，她给不了别人力量；只有富足的内心，内心和谐丰盈，才能给予他人真正的爱。

你是否意识到，自己天天在孩子面前表现出的急切，已经不再让孩子感受到安全和爱。你总是“为了他自己将来过得好，现在他就应该更努力”希望他表现得好一些，再好一些。这是没有错的，他努力将来会更好。但是，如果当下，他再努力也换不来你的满意，总还差那么一点儿，对父母来说这就真的是一种功利了。所以人们所说的“无条件的爱”，就是指把功利心放下的纯粹的爱，不是因为孩子优秀表现得好才爱他。

当孩子的成绩和行为表现不佳时，家长的失望情绪和“不满意”，即使不说也会被孩子敏感地感受到。孩子会对这种付出产生愧疚感，带着这种愧疚感前行，实在令人心疼。这显然不是为人父母想看到的，所以，千万不要把自己的付出变成孩子的负担。

其三是对爱的理解不够，对爱的表达不足。

曾经有段时间孩子总是问我，老妈我怎么觉得你一点儿也不爱我呢？当时心里的感受是，孩子怎么可能这么想呢？现在知道了，父母爱孩子，还应该让孩子感受到爱。

孩子从家长的一言一行中，不断地确认父母对自己的爱。

在很多孩子那里，父母用心的陪伴，成了一件难得的事情。有多少人能带着足够的爱与耐心去感受孩子，感受他的内心是快乐还是难过，自信还是自卑呢？有一次在一家餐馆里面，看到一位年轻的妈妈自顾自地浏览着手机，孩子多次喊妈妈也不抬头。与旁边的另外一对母子形成了鲜明的对比，那位年轻的妈妈和孩子愉快投入地玩着一种猜猜看的游戏，大手小手在一起伸出来、躲起来，孩子不断发出开心的笑声。旁边那个小孩投去的那束特别羡慕的目光，至今让我印象深刻。

小麦曾经问过我多次究竟爱不爱她的问题。我说，这不是明摆着的吗？心里想的都是你，天天照顾你、养育你，怎么还会有这样的问题？！事实上，孩子体会到的“爱”，与父母给予的所谓“爱”之间还有很大距离。我们辛辛苦苦地工作、赚钱，给他买衣服、买美食，可是他想要得到的一点儿小快乐，我们还不允许，甚至剥夺了他们的想法和自主做事的积极性，这是真的爱吗？当我们拿“别人家孩子”的优秀与自己孩子的缺点相比较并恨铁不成钢时，你是否注意到孩子脸上的表情，能否体会到孩子的感受？十几岁的孩子，都有很强的情感洞察力。对于父母对自己的每一种态度，他们都相当敏感，因为孩子永远都相信父母。家长们必须十分深刻地认识到这一点。

其四，盛满功利和焦虑的“爱”。

虽然人们都在疾呼，教育应该让孩子们“减负”，可是回到家继续与孩子的学习成绩较劲儿的不是别人，正是家长们自己。家长们周末把孩子送到外语舞蹈音乐书法绘画艺术等各种培训班去，才短暂地放下自己的焦虑，认为自己尽到了教育的责任。在这样的情形下，孩子们有多少时光浪费在了漫无目的、价值不大的“学习”之中？家长们不遗余力地投入到孩子的考试竞赛中，拼命攒钱买学区房，盯紧每一级的重点学校，盯紧老师和孩子每次的考试成绩，也给孩子造成了极大的压力。

我们现在遇到的许多家庭问题，实际上也是独生子女时代的社会性问题。独生子女时代，独生子女承载着整个家庭的希望和传承的责任，他们的成长过程受到更大关注的同时也接受了更大的压力和焦虑。假设你有几个孩子，眼前这个娃只是其中之一，你现在觉得很多闹心的问题可能马上就迎刃而解了：老大考得不好没关系，老二考得还不错；考试成绩不太好，可是动手能力老大比老二强，将来找个工作应该不难；这个性格温和，能坐得住，那个闯性大，能拼搏；这个孩子就这个性格，不是我的翻版；将来他的成功是他的，失败也是他自己的；手心手背都是肉，我可没工夫整天盯着你一个，自己该玩就玩该学就学……瞧，如果你能这么想这么做，在孩子心目中，你反而是轻松大气的、善解人意的，至少不这么天天惹人烦……因此很多人把教子的焦虑归结为独生子女时代的必然。但是，现实是二胎时代到来了，人们对孩子的教育焦虑并没有减少。

不管是不是独生子女，这背后体现的，实际上仍然是中国家长望子成龙的心态。让自家孩子在竞争中脱颖而出几乎是所有家长对自己独生子女的期待，这一心态如此难以改变，以至于家长们集体陷入了教育的焦虑。

面对一次次大大小小的考试，家长们的心情也跟着孩子的考试成绩如过山车一样忽高忽低、起起伏伏。见面只问孩子的学习：今天学得怎么样？考得怎么样？由于这种普遍的焦虑，“别人家的孩子”也成了一种现象。看到张三（邻居）家孩子又考了第一，回家还天天练钢琴；李四（同事）家的孩子写得一手好字，彬彬有礼、特别懂事，早上早早起床给他爸妈买饭；听说王五（老同学）家的孩子高二就考过了大学英语四级……家长们的内心就开始不平衡了，回到家，看到的都是自家孩子的缺点：成绩不好还管不住自己，不努力、不刻苦……怎么看怎么着急。想想看，“别人家的孩子”成了多少人的心理阴影。

受到社会上“不让孩子输在起跑线上”之类说法的影响，焦虑的家长们过度地夸大了孩子成长的各个“关键期”，生怕错过了什么而难以弥补。孩子从幼儿园开始就报各种文化补习班，每天写作业到深夜，睡眠严重不足，体育活动时间减少，生产劳动经验缺乏，与小伙伴们的游戏时间也没有，何来的均衡发展？教育部门早就提出要给孩子们减负，可是越减负，孩子们的负担却日益加重，责任在谁呢？家长们过度关注孩子的学习成绩，对孩子的情感和精神世界则缺少关怀，生活中缺少温度，直升机型父母、监督员型父母越来越多，但同时问题孩子也越来越多，这一现象值得每一位家长深思。

前面我们对家长日常管教行为的反思，使我们认识到，我们所给予孩子的，可能很多时候与真正的爱还有很大的距离，而这一距离正是我们要努力去改善的。真正的爱是什么，难以清晰地定义，但我想，它一定包含着对孩子内心需求和感受的理解、接纳和尊重。这一问题，将在第五部分详述。作为父母的我们真的应该停下脚步仔细地想一想，究竟我们做的什么是出于爱，而且能让孩子感受到我们的爱。

第四部分 从管教到自驱动成长

家庭教育的终极目的，就是要促进孩子健康地成长成熟，成为他自己。

卡里·纪伯伦说："你的儿女，其实不是你的儿女。他们是生命对于自身的渴望而诞生的孩子。他们借助你来到这世界，却非因你而来。他们在你身旁，却并不属于你。你可以给予他们的是你的爱，却不是你的想法，因为他们有自己的思想。你可以庇护的是他们的身体，却不是他们的灵魂，因为他们的灵魂属于明天，属于你做梦也无法到达的明天。你可以拼尽全力，变得像他们一样，却不要让他们变得和你一样。因为生命不会后退，也不在过去停留。"这首诗真正道出了父母与子女关系的真谛，值得深深领会。

雏鹰展翅、雏燕学飞、瓜熟蒂落、新老更替，成熟都意味着分离。同样的，孩子成长成熟的过程，也是一个逐渐脱离开对父母依赖，成长为它自己的过程。孩子生活在他们的时代，当他逐渐地成熟，能够独立地生存，按照自己的理想去规划和创造自己生活的时候，也是走向更广阔的人生新天地的时候。

从孩子青春期开始，从孩子的自驱动成长出发，家长就应有意识地开始逐步放手，让孩子自己走路。

管理孩子的缺点

每个人都会犯错，不可能完美无缺。孩子成长过程中，总会有这样那样的缺点，家长们需要用平常心态看待。孩子身上的缺点，很多时候只是成长中某个阶段的特点，过段时间就自然而然地消失了。家长对孩子的小毛病过于关注紧盯不放，反而适得其反。最忌只看到孩子的缺点，对孩子身上的优点却视而不见。请把你能够想出的孩子的优点和缺点逐条写在纸上，观察一下，你想到的优点多还是缺点多？相信你会吓一跳，你会看到列表中反映出来的自己。要么焦虑着自己想象出来的未来，要么挑剔着孩子曾经犯过的一点儿小错，总是想要提醒和建议。

我们需要将孩子的行为放到一个长期的成长过程中来看，用发展的眼光看待当前孩子行为和表现不那么理想的方面或者是问题。有些问题顺其自然，自然而然就会消失。以爱的教育来培育、塑造、转化，都如春风化雨、润物无声，用耐心和爱心给孩子补足能量、固本培元的过程，是缓慢的过程。所以我们说，教育需要慢下来。

成长的过程本身就是一个不断试错的过程，不可避免地会犯错误、说错话、做错事。面对这些，如果你能站在家长位置上，眼光放长远，面对孩子的这类成长中的过错，家长一是能包容，二是予以坚定的信任。在这其中，我们对孩子的未来永远怀抱希望，相信孩子能管好自己，能走好自己的道路，我们允许孩子有机会在不断碰壁中磨炼成长。

孩子身上的缺点多数来自父母，如果你看到孩子身上有某种缺点，先考虑一下自己是否曾经犯过同样的错。这样，就很容易理解孩子并做出恰当的应对。比如，看到孩子不听话，就要想到是自己过去对父母不够恭敬，只不过在孩子身上体现得更严重罢了。如此一来，你就可以先反思自我，承认并解决自己的问题，然后就能很顺利地解决孩子身上的相同的问题。把教育孩子看作是教育过去的自己，在教育孩子的过程中，自己也得到了重新认识自己和成长的机会。

平日我们与孩子交流得还不错，孩子也常常指出我的小缺点，比如告诉我，用事实和数据说话，思考清楚再说话，对待专业问题要严谨认真，等等。每次开家长会后，我们坐下来开家庭会，分析这次考试和近期的学习情况，商量下一步要解决的问题和努力的方向。这样的交流，使我们每个人每次交流都有收获。有一次，孩子对我们的建议是，一是要充分信任她，相信她自己会严格要求自己；二是女儿希望我们做父母的一直保持积极的工作和生活状态，“你想让我变成什么样，你就去怎样做，当我看到你的时候，我就学到了。”后来我常以这句话勉励自己保持进取的状态。

孩子终会在长大后的某些时刻，忽然对一些事情有了自己的看法。初中有段时间，小麦忽然对钱的事开始感兴趣，总是问钱从哪里来的问题；读高中时有段时间，反感大人们说“那人很有钱”这样的话里隐现的语气，说大人是不是“嫌贫爱富”；大学快毕业时，看到来自富裕家庭的同学可以“自由地做自己喜欢做的事情”，就问我们为什么年轻时不努力赚钱，好让她也尝尝做富二代的滋味。这时的小麦，竟忘了小时候还曾经希望有一个全职妈妈，不用上班，天天在家陪她玩。

教育也要等待合适的时机，以孩子能够接受的方式。对待孩子，永远怀抱着希望，耐心等待，等他自己去发现和解决问题，在必要的时候给予坚定的支持。慢下来，是对孩子自身成长节奏的尊重。

看到孩子的缺点，想要使其朝好的方向转变，家长需要做的是，透过孩子的缺点找到优势，并因势利导。当我们能够从孩子身上表现出来的缺点中找到优势，孩子的缺点就慢慢消失而优势会显现出来。比如，同样是孩子玩得满头大汗，有的妈妈会说孩子“光知道玩”，有的妈妈会欢喜地觉得孩子“身体棒，精力旺盛”，对孩子的影响自然是不一样的。比如孩子吃饭很少，是由于建立了对饭反感的“条件反射”，要改正这一反射，必须建立新的反射，要在吃饭时选择积极的事件反复描述，形成新的条件反射：一见吃饭就高兴。

对孩子的行为习惯管教不宜过细。把眼光放长远，不要琐碎地管理，不要在小事上纠缠不休，从细节上抽出来，抓住重点就好。你可以明确地告诉孩子应该做什么，而不是告诉她“你不该这样做”“这个还没做”“那个还没做”。

孩子有段时间喜欢摩托车，出于好奇和扮酷偷偷地学着抽烟，这些都是很正常的小事，不必过分关注。只要树立起这个阶段的主题，以学业任务为中心，不偏离大的方向就好了，管得过细就变成了控制，势必引起青春期孩子的反感。孩子不信任你，不与家长交心，背着父母去做更刺激的事，你还有多少道理可以讲给他听呢？

当然，对孩子身上明显的毛病，不闻不问显然也是不行的，那叫放任。看到孩子身上的不良生活习惯，比如吃饭时间不好好吃饭，饭后吃零食或者垃圾食品，成了习惯怎么办？家长明知对身体不好，孩子又反感自己讲道理，那该怎么办呢？可以试试使用体验法，也就是自然的惩罚，而不是用逻辑的惩罚。孩子不按时吃饭，你需要做的是让他体会到饿（自然的惩罚），而不是告诉他你不吃饭身体就坏了（逻辑的惩罚，即使明白道理，也印象不深，不愿改正）。孩子如果有机会体验到“自然的惩罚”，自己就会主动去改。

对孩子身上的缺点做不到理解和包容，才会“批评”孩子。这就说明家长的站位低，并没有站到家长的位置上，而是变成朋辈了。正确的做法是，站到父母的位置上，把孩子放在孩子的位置上，把批评变为心平气和地对事情的反馈，心平气和地讨论。

孩子做错了事情，你可以表达担心，但不能指责。指正的同时，还可以表达爱意、补充能量。如“你穿得这么少，冻感冒了，我会很心疼的，比我自己生病还难过呢”，父母用心去表达，孩子容易接受你的建议。

想要改变行为中存在的问题和缺点，不能操之过急，而要讲究教育时机。你可以在合适的时机，描述看到的问题的情形，表达担心；清晰地表达要求，真实地表达自己的愿望，并予以充分的信任，“我希望你这样做，希望你能够做到，我相信你一定能做到”，然后让她自己做出决定。

从依赖走向独立

生活中我们注意到，有很多家长，尤其是女性家长，在陪伴孩子从幼小到长大的过程中，出于母性而把孩子当成自己生命的一部分，与孩子之间形成了“双向依赖”。很多母亲能够陪伴孩子长大，却没有学会在适当的时候逐步地与孩子分离，不懂得退出孩子的生活，不利于孩子的成熟。要明白一个道理，不是孩子不愿意长大，而是你没有放手让孩子长大。

有些女性朋友为了全力支持孩子的学业，选择退出工作做全职太太，认为无私的牺牲能够换来孩子的好未来。可是一般情况下，这么做并不是明智的选择。短时间内可能有利于全身心地为孩子提供更好的环境条件，但是从长远看，一个远离社会的母亲，受到视野的限制，难以拥有帮助到孩子的能力。而且，这样的行为往往给孩子的心理上带来更大的压力，成为孩子成长道路上的羁绊。

有一种控制类型的家长，把“为孩子好”挂在嘴边，却总是试图限制孩子的自由和自主。家长和孩子之间没有建立起“边界感”，把孩子当成自己的一部分，其实是对孩子的独立人格没有足够的尊重，程度严重的就变成了一种控制和侵犯。心理学上有一个现象叫习得性无助。当孩子多次努力向外，却挣脱不出去，就选择更小代价地待在父母身边，放弃了自己的责任。当孩子和父母之间的界限感不清晰时，还容易造成一种错觉，就是孩子想要挣脱时有内疚感，与“叛逆”、不听话、不孝顺，不感恩等道

从依赖走向独立

德评价联系起来。在这种情况下长大的孩子，要么依赖性强，难以独立和成熟，要么心理负担大很容易内疚。所以我们说，把责任还给孩子，就是这个道理。

有位妈妈说，她家孩子依赖感特别强，胆小怕黑，十几岁了还不敢单独睡觉，说是“怕鬼”。这种情形并不少见。有段时间，孩子对我格外依赖，每次我出差都很不愿意，而且对我出差远行表现出很大的担心。我出差归来时，她竟然兴奋得难以入睡，说“妈妈在家真好”。孩子有这样的感受，其实体现出孩子内心有一种恐惧，也就是不安全感，觉得妈妈“好”得难以置信或不可思议。这时候我们该反思自己平日的表现，是否无意之中将你的牢骚、抱怨、担心、顾虑等这些负面情绪和能量传递给孩子。父母要促使孩子健康成长向成熟转变，逐步实现孩子与家长顺利健康地分离，很重要的前提是，孩子从妈妈对自己的爱中确认爱，并且建立起了充足的安全感。

当孩子长大到一定年龄，对父母的依赖自然越来越少，准备离开家庭的保护，开始他们自己的征程。家长需要补的一门课就是，学会分离。对于长期习惯于陪伴和依赖的你和孩子来说，分离往往是比陪伴更困难的事。因为家长们往往意识不到自己的孩子已经长大到这样的程度，就好像我们还没有反应过来，孩子忽然长大了。特别是对那些为孩子辛劳而忽视了自己生活的妈妈们来讲，更要学着把母亲的角色从“生活服务员”和“校外辅导员”转向“教练员”，并逐步从孩子的生活中抽身出来。这个时期家长最重要的责任，是要培养孩子走向独立的能力，比如未来独立生活所必需的社交、情绪、知识及技能。管理好自己的时间、情绪，管好自己的零花钱，能自己洗衣、做饭、打扫卫生、整理房间和物品等，都是孩子独立生活需要的实用生活技能。

孩子日渐成熟，你要学会从过去的紧密依赖关系中，从日常生活惯性中，优雅地退出。这样的行为才是给予孩子真正需要的爱，才是对孩子更高层次的尊重，才是对孩子作为独立人格的真正的尊重。

成熟的蒲公英种子渴求着属于自己的天地，带着来自家的深情祝福，轻轻地挥手作别生养自己的土地，找寻着自己的方向，向着更远更广阔的天地飞翔；在探索未知的路途上，轻盈平和，欣赏每一处的风景，享受每一刻的平和与宁静；不论前路在何方，都怀抱着对世界的信心，爱与接纳；它把种子包裹在自己内心深处，等待落地的那一刻，随遇而安，而又顽强坚韧地生存；不管扎根在何处，都努力地生根、发芽、孕育新生，释放新的能量，终将迎来自己的华美绽放；蒲公英，唯其充满生命力，才能把灿烂的花朵开得漫山遍野；唯其在冬天蕴蓄了充足的能量，才能够在来年春天绽放青春的光华。

对生活的爱与希望，对分离的接纳、尊重、喜悦、祝福，是我从蒲公英身上获得的生命启迪。

自立责任

教育学中把教育定义为人的社会化的过程。教育的目的是要促使孩子成为独立的个体。促使孩子成长成熟、走向自立，引导和培养孩子成为他自己，才是家长在有意识的教育中永远不要偏离的根本。在家庭教育的旅程中，最重要的是唤醒孩子自我成长的责任感，建立起成长的自我驱动力。

人的一生充满着不确定性，生命的普遍现实是，除了幸福和顺遂，每个人都绕不开要经历艰难和苦痛。孩子成长的道路上，必然充满各种预料不到的情形，有时激进，有时停滞；有进退，有喜悦，有痛苦，有迷惑。面对人生种种不确定性，保持乐观向上的态度和坚毅的品格，是终生需要锻炼和提升的品质。我们需要培养孩子具备坚毅的品格、阳光的心态、追求幸福的动力和能力，有强大的内心，在困难面前有勇气、有责任担当。这些品格的养成都需要家长们有意识地正确引导。

那么从家长这个角度，该如何培育孩子的自我责任，让孩子建立起责任与担当？在这方面我们做错了什么？做对了什么？

生活中，家长们过于希望把自己的经验传授给孩子，把自己那些过去的失败的悲伤经历当作经验之谈，把自己看到的社会的负面东西一股脑儿地倒给孩子，把自己当成孩子身边的生活课堂“预备铃”，以为这样能帮助他避免走弯路、遇风险，但实际上可能根本就没有什么用处。因为孩子生活在他们自己的时代，他将来走的路和你走过的路根本就不是同一条路。时代不同、环境不同，你的经验很可能是不合时宜的经验。对孩子而言，也可能只是一种束缚，就像小马过河的故事告诉我们的，大牛和小松鼠关于河水深浅和危险与否的看法与建议，都是从自己的经验出发得出的结论，不是小马自己的境地。

不管选择哪个进取方向，孩子该经历的还是要去经历，早晚要一步一步地走自己的路，自己去经历体验，领略沿途风光，或面对风雨险阻，开创自己的人生。

其实，每一个生命都有自立的动力，这是生命成长发展的本质。孩子自立的冲动会随时展现在生活之中。家长们如果没有这个理念和认识，会在日常生活中忽视到它们，错失教育机会，没有及时巩固和引导孩子自立能力，甚至还会损耗到它们。比如有不少家长说，我那么爱他，怎么会不允许他独立，明明是孩子过于依赖。这样的家长，习惯于大包大揽地替孩子决定事情，孩子本应自己付出努力去做的事情，如果被打断被替代时间久了，就不再有兴趣去尝试努力了。结果必然是，孩子自我责任感建立不起来，学习的积极性和主动性不高，生活中方方面面表现出依赖性。

高明的领导者是智慧地干事的人，引领成员们心甘情愿、心悦诚服地向着组织的目标奋进，才是领导本领。“强将手下无弱兵”也需要放到不同的情境下去考量。有位成功企业家曾说自己“特别成功的原因，就是我不懂”。领导者应该是角色定位和角色认知特别强的人，懂得挖掘人才的潜能，为组织赋能。相反地，如果领导者过于强调专业技能，是管理中的弊端：看下属干活就挑剔，或者事事躬亲，冲在前面干了下属的活，把精力放在了打枪而不是指挥上，后果就严重了。

女儿小的时候很崇拜妈妈，一有问题就拿回来问我，我也觉得自己很能，博士教授还解决不了小学奥数？于是自己趴那儿自学了一阵子奥数题，再去教她，讲不明白就着急，看到她不会，自己还着急上火、指手画脚，其实就是瞎指挥。人家的家长就是在孩子身边鼓劲儿鼓掌就行了，孩子自己就会有积极性。没上过学的父母反而教出了优秀的孩子，说的也是这种情况。后来我学会了让孩子给我当老师，效果果然比我教她好得多。而且，事实证明，孩子依靠自己确实比我们“教”得优秀，只是我们没有发现或不敢承认。

毛泽东说过，别人嚼过的馍没滋味，家长们得常常提醒自己，不要把孩子的馍嚼了。父母要允许孩子有自己的主张，允许孩子按他自己的方式生活，允许孩子独立地成长。生活中父母要让孩子遵从自己的意愿去做事，对自己的事情自主决定，我们提的建议只供他参考，决定还是由他自己拿。只有这样，孩子才能在做事中逐步找到和建立起自我的责任，这叫“不替代”。

我们所要做的，是在生活的各个场景中，激发孩子的自我潜能。告诉孩子，你怎样投入学习、考试成绩怎样、未来走什么样的道路，都是你自己的事情，是你的责任。自己的事情自己做，自己的事情自己想办法解决。

对孩子做出的选择和判断表示尊重，孩子就会更有责任感，对自己的决定负责任，而且自主决定会带来更大的信心。

小麦一直很有自己的见解，常常有些看法让我们惊讶和佩服。平时她有任何想法，我们都会支持。包括假期里面参加各种游学，学街舞，以及与朋友们外出旅游，做各种自己喜欢做的事情，只要确保安全，她做出的决定，我们都会支持。

在这方面，女儿很满意，觉得我们是开明的家长。其实孩子们比我们懂得多，对于他们自己所处的时代、对于父母、对于社会、他人的看法，有自己的见解，有理性的思考，孩子们的成熟超出了我们的想象。我们应该允许孩子有自主选择和决定、自由思维的空间。

孩子选择在国内读本科，毕业后出国读研，回国工作，每一步我们都让孩子自己做出选择和决定。包括大学本科专业和学校的选择，实习就业单位的选择，研究生专业和学校的选择，未来就业的方向，都是她自己去研究、了解、申请和确定的。修完本科的课程，她得到了德勤实习三个月的Offer，去北京住青旅，在我们看来条件十分艰苦，但都是她自己决定的。

在日常生活中，家长的干预、打断、评判、否定、怀疑，甚至是“为你好”的建议，往往是控制的不同形式，都是“不允许”孩子自我的生发。所以我们说，孩子要自立，首先父母要允许。

父母在给孩子提供任何“建议”时，首先要区分清楚，这究竟是你自己的需要，还是符合孩子自身发展的需要。从大的方面来讲，关于孩子未来要走什么样的道路、从事什么样的职业、交什么样的朋友、找什么样的对象、什么样的方式生活，小到孩子要去哪里旅游、选择什么样的服装发型，你看得惯的、看不惯的，都是你自己的观点，是从你自己的经验经历出发的。你若以为自己都是对的，一股脑儿地强加给孩子，就是一种控制。

有家长说，孩子一到周末就想去踢足球，可将来足球能养活他吗？他管不住自己，我怎能不管呢？这话听起来很有道理，你希望孩子好好学习没错，可你怎么知道踢球会耽误他的学习，而不是促进他的学习呢？是“孩子管不住自己”，还是你从来没允许他自己管自己呢？眼睛一直盯在孩子身上，一点儿空间也不留，孩子如何做出自己的选择？孩子的时间都需要由你来管才放心，这还是控制。有家长说，“我就是盼望孩子将来不要和我一样”，或者“我就是想要孩子将来和我一样”，静下心来自己思考一下，这是不是你给孩子的真爱？分清楚了，答案就有了。

自主学习动力

自主学习，就是独立学习、独立思考，能够独立解决学习中的困难，掌握知识和自主解题的能力及习惯。孩子自主学习能力强，是我们培养孩子的一项重要目标。

孩子在初中高中阶段，是自主学习能力不断发展巩固的关键时期。我们都知道，自主学习的意识和责任感强烈了，就会从学习的奴隶到学习的主人；就会利用好一切时间，对每一分钟精打细算，减少磨蹭的时间，减少无效劳动时间，并且高效率地学习和做事情。孩子自主学习的意识和能力建立起来，后面就不需要家长们过多操心了。所以这个阶段最有效率的功夫，不是用在自己去帮助孩子学到多少知识，或者把他送到辅导班交给老师，而是要把功夫用在引导孩子建立学习兴趣和形成充足的学习动力上。

人类天生就是由好奇心和求知欲驱动的，孩子探索求知、追求真理、独立思考，是天性使然，我们只需要呵护它们就可以了。

可是，由于当前的学校教育方式等多种原因，出现大批孩子学习动力不足乃至厌学情况。孩子们经过各种努力考入初中、高中、大学，出于应试目的的教育又人为地增加了重复性的学业任务负担，所以厌学的情形多起来。我女儿有段时间也很反感学习，甚至不想走读书考学这条道路。那时，孩子害怕早晨上学，害怕周末前漫长的上学时间，甚至想去开店做销售。女儿的表现，提醒我注意到学习压力这个问题。学习压力太大，也会导致孩子产生厌学问题。许多高考成绩还不错的学生，到大学以后却没有学习兴趣，学习能力不足，甚至厌学情绪严重，这样的“拼搏”就得不偿失了。我们家长们只需要了解这其中的原理，就可以更好地理解中学生孩子的辛苦，避免打击孩子，并且尽可能地鼓励孩子追求快乐且有意义的学习方式，把学习变为一种美好的旅程，而不仅是为了文凭而苦苦拼搏。

无论是学习还是做事情，有两种动力模式：一种来自恐惧，一种来自希望。恐惧和回避会使人产生痛苦，并且耗费能量，而希望给人以力量。所以，我们的能量要用来争取成功，而不是避免失败。

令许多高中生家长们感到忧心忡忡的，就是孩子学习主动性不强、学习动力不足的问题。有一种情形是，无论家长怎么着急，孩子的学习主动性不强，没有进取心，自我要求不高，家长们自然会很着急。我先生曾经认为是现在的孩子们生活条件态优越，不知生活艰辛，所以没有那么大的学习动力。

事实上，这并不是最根本的原因。孩子学习动力不足，我们观察到一个相对隐性的因素，就是孩子内心缺乏自信。自信心没有建立起来，害怕更高的目标，面对挑战具有无力感。在这种情况下，需要把不合理的目标和预期调整为“跳一跳够得着”的目标。当我们设定的预期目标超出了孩子的实际能力时，必然会给孩子带来巨大的心理压力，而失败和挫折又会进一步打击信心，这种情况下就需要适当调整目标和降低预期。

学校教育提供的学习内容，是按照学科门类提供的。知识自身从来是整体的，不是分学科的。人类从知识传承效率、研究深度、研究特点的目的出发，将知识人为地划分为不同的学科门类，对普通的学习者来说，自然是有些枯燥无趣的。针对这些问题，当前学校教育中探索提升学生兴趣的方式有多种，比如研究性学习、小组探究、PBL、主题学习、研学旅行等，有条件的家庭可以支持孩子多参与这样的学习方式。

学习动机包括外部驱动和自我驱动。自我驱动力建立起来，孩子就会自己去制定目标和计划，自己去寻找学习的策略和方法。

新兴的学习科学、脑神经科学等的发展，也正在研究人类的学习如何改变大脑的生理结构，如何通过教育重塑大脑等问题，这些研究给了人们用科学改变大脑的信心。在激发学生学习热情和动力、提升专注力等方面，教育心理学有系统科学的建议。新兴的学习科学帮助我们理解“孩子是如何学习的”。一个人是根据自己已有的知识去建构和理解知识的，我们需要做的是，给学习者创设环境、创造机会，促进他建构自己的知识体系，培养自主解决问题的能力。

在家庭场景中，家长能够做的不是传授某一门功课的知识，不必去学习掌握孩子所学的学科知识，而是要了解关于孩子的学习，引导孩子自主思考、自主学习、自主解决问题的能力和责任，激发孩子的自我潜力。

为此，下面几点是具体的建议。

当孩子问你问题时，不要随口回答，而应该延迟回答。可以先迟疑一下，或先“考虑一下”，等孩子自己先去想办法解决。引导孩子可以这样问她：上次为什么错了？这次为什么对了？选择几个同类的题目，找到错题的“个性”，然后有的放矢地去改进。在这个过程中，等她自己去发现规律。通过改错题，启发引导孩子自己去发现错误、改正错误、发现规律、解决难题。

养成科学思维的能力比记忆知识更重要。教会孩子学习，而不是教给孩子具体的知识点。解决问题的知识有三种：陈述性知识（基本知识）、程序性知识（应用、解题、会做）、策略性知识（如何解决和应对综合性，复杂题目）。平时觉得学会了，到考试时却没有做出来，说明目前缺乏策略性知识，需要补充。比如，数学的一个大题，沿着一个思路一直走下去，不知道（或者没想到）转换一下角色和思路，结果浪费了很多时间也没做出来。既然此路不通（死胡同），就应该尝试多审几遍题，再做其他思考。这个思维过程，就是策略性知识在起作用。

小麦有一次数学考试，由于没能做完题目而失分，经仔细分析，原因是，在有些本应熟练掌握的题目上用时太长。到了考场上，要达到条件反射式地做题，考试才能顺利成功。而熟练必然是平时训练的结果，所以平时要有大量做题的经验，而且是熟练的、能在限定的时间内做完大量题目，还要提高熟练程度的标准，不能只达到磕磕绊绊的程度。

再深入一步，观察孩子日常的学习行为实践，发现孩子平时做的数学题，没有详细地写出过程，缺乏做复杂题目的经验，是造成策略性知识未建立起来的原因。如果体验过做很难的题目就会知道，在做题过程中的任何一个小环节的失误都有可能带来全盘皆输，于是就知道不断地训练和检验过程。针对这一问题，我们共同分析出原因后，明确提出要求，让她利用周末时间找几个难题、复杂题目，集中精力攻克，拿时间“闷一闷”，直到把难题解决为止。这样的解决难题的经历，会给孩子带来很大的自我效能感，从而增加自信和自我驱动力。当孩子清晰地感受到自己的学习力时，自主学习的能力和信心就培养起来了。对家长而言，我们要清楚地明白这一点，然后才能有意识地培养这一习惯。

以前和孩子一起改错题，只是简单地让她将错题再做一遍，这样的方法只是使她记住了这一个错题，并没有从根本上解决存在的问题。事实上每一个错题背后都隐含着一个系统的问题，寻找它、发现它、解决它，才是最好的办法。平常做的题错了，如果没有及时研究错题的原因并加以改正，考试时一定会在此出错，所以要在考试前发现并解决它。这样，改掉一个小错题，可能也解决了一个大的问题。发现一个小问题解决一个小问题，日积月累，小有收获可能带来大效益。

关键在于帮助孩子获得自己独立解题的信心。那段时间，我下班后一有空就沉下心来研究整理小麦的各学科学案，从中找出错题、分析错题，瞅着时机合适就询问她，在闲聊中轻松地提出来，见缝插针地“考考她”。

比如说让她揣上一个题目，课余的时间做一做。这个过程中要小心地避免有强迫强制之感，因为孩子在学校的压力已经不小了，任务也很多。

学习的过程是运用思维对知识进行加工的过程。在改错题的过程中又有一个新发现，知识加工的深度是最应培育的一个干预点，孩子需要改进的是思维习惯。做题时、学习记忆时，一定要建立和呈现情景，然后思维就建立起了自动监控的程序。对于孩子存在的模糊的知识点，要通过形象化、视觉化、联系法等将知识点在脑海中清晰呈现。

拿到试卷，思维的分析过程应该包括：这个题目的相关知识点有几个？这道题考的是哪一个？这样既找到得分点，又进行了比较分析，双保险，确保不出错。选中答案后，再迅速回到原题检验一下准确与否。平日做练习题时，要看看这道题出得怎样？胸中有数，就会去判别题目，而不是仅仅被动应付题目，跟着题目跑。面对试卷时不只是满分的标准，而是高于满分，以研究题目的标准来看待试题的含金量。

在学校当老师的我受到职业习惯的影响，有个不好的习惯，回家后说话语气也像是一副讲课的样子。这一点自己常常是意识不到的，可是，我也明白，恐怕没有谁愿意听家人“上课”的吧。后来我使用了一个角色互换的方法，就是回家后让孩子给我当老师，我做小学生，她给我讲课，10分钟20分钟没关系，看她兴致。当她把一个题目或是一个知识点给我讲明白了，看起来她比我还要开心。第二天孩子听课的状态十分投入，学习效率更高。

教育在于引发，而不是“预告”

真正有效的教育在于引发，是在她需要某个知识的时候准确地呈递和启发她自己思考出来，这就是人们常说的以学习者为中心的教育。

许多家长急于将自己所知道的、所经历的一股脑儿地灌输给孩子，恨不能把自己脑中的知识全部转移到孩子身上，这种拔苗助长的心态要不得。我们说，要坚定地爱孩子、支持孩子，是要支持他实现目标克服困难，而不是教他如何去回避困难。慢下来，慢一步提建议，不提前替孩子做决定，要按照孩子自己的节奏来进行。想想看，孩子正在路上向前走，如果你告诉他，三十里路你会遇到几棵树，五十里路外会有什么危险，然后把你希望的和想到的路告诉他，看起来似乎是传递经验，避免走错，可是他却失去了自我去探索的兴致和解决问题的主动机会。想想看，哪个损失更大些？前进道路上的探索，不断从成败中获得经验和教训，跌倒了重新站起来，迎头赶上，都是成长和进步，这样的经历可以给人带来真实的信心。孩子会在拼搏的经历中形成自我奋斗的能力。

不顾孩子的兴趣，甚至直接为孩子设计人生目标，绝不是明智的做法。对于孩子自己的理想和规划，有些父母表示反对，认为孩子应该进入更好的学校，取得更高的学位，应聘到大公司工作，甚至找个什么样的婚姻对象，等等。这种看起来像是“为了孩子”的行为，影响的是孩子的自信心和热情，伤害的是孩子自己的进取动力。

在培养孩子的进取心和责任感方面，父母的重视和引导很重要。要知道，孩子更希望通过自己努力排除困难，实现他自己的梦想，这才是带来成就感、自信心和责任感的根本动力。所以，如果看到孩子有自己的梦想，我们最应该做的是尽可能地提供帮助，支持孩子的兴趣发展和能力培养，帮助、鼓励、支持，但绝不是代劳。

想做更好的家长，我们选择永远做孩子成长道路上的鼓励者、支持者，信任孩子，把做选择和做决定的权力留给孩子，允许孩子自己在探索中成长。只有这样，孩子才能一直心存理想，积极进取，走出她自己的道路。

奋斗精神和坚毅品格

就教育而言，孩子的担当责任、奋斗精神、意志和能力是应该从青少年时期就开始有意识地培养起来的。

孩子不吃苦、缺乏意志力、散漫拖沓、缺乏自我责任感、学习动力不足，是如今我们在许多孩子身上看到的缺点，也可以说是独生子女时代比较普遍地存在的现象。我们该如何看待，又该如何做呢？

女儿读初中时，曾有很长一段时间，老师认为她和同龄孩子相比不能吃苦，成绩忽上忽下，对待学习成绩不太在意，自控能力较低，做事没常性。那时候我总觉得，现在的孩子身处物质丰富、生活安逸的时代，没必要再像我们这一代人那样，吃那么多苦。后来我也见到许多事业上小有成就的家长，自己经历过艰苦，却怕孩子会吃苦，宁可自己包办替代，也不敢放手让孩子自己做事。这也是当今家长们的一种较为普遍的心态。事实上，这样的心态不利于孩子的自我成长和责任感养成。

家长不舍得让孩子吃苦，不相信孩子能够独立，是孩子不能独立的主要原因。许多家长说，我们这一代人，经过奋斗走到今天不容易，自己吃过的苦不想让孩子再吃了。可是你需要想明白，虽然孩子在你身边可以做个“没长大的孩子”，可是社会运行的规则却不允许这样，法律责任、社会责任、工作任务、家庭责任、公民义务、抚养孩子、建设家庭、孝养老人，都需要责任和担当。如果孩子不尽早建立起自我责任感，长大后很难承担起长大的责任，依赖性强，生活中自理能力差、懒惰、啃老，心理成熟程度低，解决问题的能力弱，孩子自己会面对更多的困难和痛苦。如今“妈宝男”“巨婴”现象，成了令人头疼的社会问题。其实每一个“妈宝”的背后，往往有个不愿放手让孩子长大的妈妈。小时候看过一本书，叫《胳肢窝里的孩子》，说的就是在母亲过度爱护下长不大的孩子。

奋斗精神和坚毅品格

我们应该知道，在任何时代、任何地方，坐享其成的事不可能长久地发生，人生就应该奋斗着前进。所谓奋斗，就是好好地活，用自己的勤劳和智慧，活出生命的价值和意义。

其一，真实的幸福，需要依靠奋斗得来。

一个社会有不同阶层，一个组织中有不同层级，但那只是社会分工不同而已。每个阶层的人都要面对自己的人生问题，没有人能免于面对生活的苦痛或不被命运所眷顾。只有将艰苦奋斗的精神作为精神基因代代传承，一个家族才能够生生不息、兴旺发达，国家民族历代以来都是如此。

习总书记说，“艰难困苦能磨炼一个人的意志。正确对待环境，使顺境逆境都成为人生的财富而不是人生的包袱。”认识一位令人尊敬的院士，他的儿子在读研期间得了一种病引起双目视力严重下降，几乎失明，却仍然乐观开朗、积极进取，并在他自己的学科领域做出了不凡的成绩。听说这位父亲告诉儿子，“你的眼睛看不见，可是你的心里要充满光明。”坚毅的品格正是让人自信坦然地面对人生，这是使人终身受益的品格，它将发挥最为持久的力量，它会默默地激励着我们在人生道路上不管遇到什么样的情形，我们都怀抱希望，克服困难，坚定不懈地一直走下去。

村上春树说，这世上并没有什么正确的选择，我们只是通过努力奋斗使当初的选择变得正确。不论你最终做出什么选择，扛得住就是好的选择。向东走还是向西走，只要你认准了，坚持走下去就是你的道路。小马过河，大牛告诉他水很浅，松鼠告诉他水很深，淹死过同伴，到底怎么样，还得需要小马自己去试探。生活终归是自己的，每个人都要投入到生活的奋斗中去。

其二，奋斗的过程是幸福的。每个人生来就被赋予不同的才能和与之相应的使命。人生当尽力，不消极；保持激情，而不暮气沉沉。即使遇到困难和挫折，你还可以选择积极地对待。河流即使在冰下，也流淌着澎湃的激情和不息的希望；草木即使在冬天也在不断积蓄力量，蓄芳待来年。

总体而言，事业成功的人比不成功的人更容易获得幸福。我们敬畏生命的伟大，珍惜人生的美好，因此活着就要为了美好的生活而奋斗。

三是，通过努力拼搏奋斗取得的成就，会带来真正的自信。

以为自己是天才的人，其实内心不是真正的自信；而努力取得的小小的进步和成功，都能够使孩子更自信，建立起自我成就感。自信的情绪会激发孩子更大的进取心，孩子自然会更踏实，更努力。良性循环，学习将不再是苦差事，而成为一种享受。

懂得了这些道理，我们更乐于放手让孩子去艰苦奋斗。孩子现在是生命力最强、承压能力最大的时期，可以在奋斗中经受历练、磨砺。允许孩子自己去探索未知的世界，不要害怕他吃苦而阻拦他。让孩子自己去做更多的事情，从事更多的劳动，在做事中体悟循序渐进的道理。

把每一笔人生经历，包括挫折，都当作财富来看待。经历过的挫折都是一笔财富。顺境逆境都是机会，要给予而不是剥夺它。父母不让孩子受苦锻炼，不严格要求她，其实是父母暗自带着一种强者的心态。这种方式培养出来的孩子往往是弱者，遇到挫折就束手无策、难以承受，甚至一蹶不振。

我们小的时候，父母坚信知识改变命运，坚持让我们学习。从小就告诉我们知识的重要性，知识多了出路就多，就有更多自主选择的可能性。当我们取得一点儿成绩时，还让我们百尺竿头更进一步。父母亲七十多了，还在辛勤地劳作。多年来我和姐弟们都一直在学习，一直在进步，这样的勤奋进取就是父母教给我们的。告诉孩子“我们努力工作是奋斗，你努力学习也是奋斗。家族奋斗的优良传统要传承下来。你是我们的女儿，必然超越我们，作为父母对你不能降低要求，你必须学好，也一定能学好，咱们的潜力很大”。

事实上，人在投入地奋斗时并不会感到艰辛。你可以回顾一下自己曾经经历的奋斗，仔细想想当时的心情，一般不会记起自己有多么艰苦的感受。实际上，反而是人们在享受奋斗的成果时，无意识地把经历过的艰辛、环境条件的恶劣等放大了。

如果你现在正在为更大的目标奋斗，你就不会觉得辛苦。反过来，你现在认为那时候自己吃了苦，也说明你现在不是一个奋斗的状态。

从华东师大博士毕业后的几年里，我每天都处于十分积极进取的状态，承担了大量的研究任务和教学任务。这几年，从事教育管理服务工作，仍然在不断地成长成熟。现在回顾整个备考博士的过程，也未曾考虑过学习条件好不好的问题。在积极进取的状态下，从未对生活有任何抱怨。反观现在，生活条件、工作情况都很好，为什么却总是害怕吃苦，害怕将来让孩子吃同样的苦呢？现在回过头来想想自己年轻奋斗的路程，那时并不知道外面的世界会有什么样的“艰辛”，也从来不害怕什么艰辛。

生命在于奋斗不止，投入地工作，投入地生活。“一个人的内核，就是他的存在感。”其实人在不奋斗的时候，内心是空虚的。消极懈怠，想歇下来，实际上是对生命力的否定。

奋斗进取与我们所追求的安静平和的心态并不冲突，我们的奋斗就是安静的奋斗，是从奋斗中求静，而不是从无所事事中求静。就像一棵树，它很安静，但是在成长，安静地成长。静就是按照万物本来的发展规律成长。人为万物之灵，通过努力奋斗，获得更好的生活品质，更好地展现生命的本质，就是生命的本分。安静并不是无为，我们要的静是主动有为的静。从纷杂的事务中理清头绪，不急不慌地做事，把事情做好。安静地奋斗，在奋斗中达到静的境界。

每个人的生活都不能过于追求安逸，而要依靠奋斗前进。家庭氛围过于安逸和享受，没法将拼搏精神传递给孩子。孩子没有看到父母在奋斗，她就没有努力以克服困难的动力，缺乏宏图大志。

给孩子机会去体验奋斗，让孩子充分经历高考这个拼搏实现的过程，磨炼孩子坚强的意志。现在孩子经历一次次的考试和一次次的拼搏，争取到高考时取得理想的成绩，这个经历本身就是她的人生财富。

时时处处让孩子感受到努力付出的价值，与孩子分享勤奋工作带来的快乐。不要把孩子学习成绩好坏归于聪明与否，而应归于勤奋。要展现给孩子生活真实的一面，好生活是奋斗的结果，不是天上掉下来的。世上没有绝对的天才，聪明鸟笨鸟都要使劲飞。我们的成功和他人、周围人的成功都证明了这一点。一起读读名人传记，聊聊成功人士通过奋斗克服困难、战胜困难，收获成就和幸福的经历，让孩子知道我们所拥有的一切、取得的成绩和进步，都是付出努力的结果。带来真正自信的成果，都是努力奋斗得来的。生活中存在各种各样的机会，有准备的人就会遇到它、抓到它，实现自我。把奋斗精神传递给孩子，孩子很有力量，就能全神贯注、热血沸腾地向着更高的目标前进。

家有女孩的父母会问，坚毅的性格特质与女性气质的养成冲突吗？培养男孩和女孩在这方面是一样的吗？不管男孩还是女孩，一个人要先有自我价值，再去考虑性情。只有温顺的性格，而没有能力适应社会，怎会带来自信幸福的人生？所以，在孩子青春长成的阶段，在培养孩子的意志品格方面，不必考虑性别差异。

家务和劳动教育

孩子的自主自立，是由独立做事情的能力支撑的，也是在生活中自己面对问题解决问题的过程中形成的。劳动经验和能力的缺失，必然影响到自主自立能力的养成。

我们这一代人从乡村通过高考等方式移居到城市，小时候种过地，有一分耕耘一分收获的生活经验。在生产劳动中，我们获得了对自然规律的认知，更培养了吃苦耐劳的品格。而现在的城市孩子们没有这份经历，缺乏生产实践和生活经验，没有在实践中学会按部就班地做事情，想到的事情不一定能够做得到，结果是现在的孩子表达能力很强，但行动力较弱。学习如同耕种，成果是一步一步得来的，需要长久的努力才能见到最后的效果。循序渐进、扎扎实实、吃苦耐劳、锲而不舍的意识，就是在做好一件件小事的过程中养成的。

有了这样的认识，我们就知道，孩子的行动力需要我们有意识地、一步步地在生活和劳动实践中培养起来。

当前在学校人才培养各个环节中，劳动教育也是最容易被忽视的教育。一方面，学校教育中还不够重视，对学生的评价标准中也缺少这一项。家长们也是把注意力更多地放在孩子的学习成绩上，为了不耽误孩子的精力，较少让孩子参与家务劳动。

教育部2020年印发的全国大中小学生劳动教育指导纲要中指出，德智体美劳五育并举，才能培养全面均衡发展的人才。“劳动教育是发挥劳动的育人功能，对学生进行热爱劳动、热爱劳动人民的教育活动。”纲要提出，要将劳动观念和劳动精神贯穿人才培养全过程，贯穿家庭、学校、社会各方面。纲要明确了三类劳动教育的育人价值定位，其中特别强调生活劳动和生产劳动教育、服务性劳动教育。在我理解，家庭是开展生活劳动教育的最佳场所，家长们应该主动承担起对孩子进行生活劳动教育的职责，在家庭中必须补上生活劳动教育这一课。

劳动教育不单是生活技能的培养，还有“劳动光荣”意识养成和奋斗精神的传承。习总书记讲“劳动是一切幸福的源泉”。我们在生活中要让孩子明白天道酬勤的道理，承担起劳动者义务和社会责任。

家长们越早认识到劳动教育的重要价值越好。劳动教育能够给予孩子的非常多，包括动手实践的能力、与他人合作的意愿、珍惜劳动成果、感恩他人的付出、责任感、懂得付出与收获的关系、等待收获的耐心、善始善终的意志力和坚持精神，等等。从家务劳动中体验到小小的成功，也带给孩子更多的自信。而且，劳动教育中形成的体验、品质和能力，都能够非常好地迁移到学习（脑力劳动）过程中，改善学习状态。

曾经有一位中学教师研究观察到，书桌上的物品摆放得整齐与否和学习成绩有很大的相关性。学习好的孩子桌面整洁有序，而那些书桌上杂乱无章的孩子学习成绩也很难达到最优。所以，让孩子多做些琐碎细小的事情，从小事做起，使他们经过多个层面的历练。所以，我们在生活中一定要有意识地创造机会，让孩子多从事一些劳动实践。比如孩子年龄小时，与其他孩子一起玩耍、游戏、种植，做一些小手工，比如织围巾、动手制作小礼物等，都会给孩子带来愉悦的劳动体验。随着年龄的增长，让孩子参与分担家务劳动，是一个不错的途径。打扫卫生、整理衣橱、整理书桌、洗洗衣服、学做饭、刷洗锅碗、照顾老人、工作实习实践、普通的家具电器水管维修、参加义工活动等，孩子每做这些事情，都会有各种体验和收获。

麦爸很擅长安排孩子干活儿。教孩子给自行车打气，还安排孩子去打水、刷碗，晚上还事先安排孩子第二天早晨去买饭。小麦都高高兴兴地去做。孩子大了，以后教育上多依靠麦爸才对。以前，总是把她当成一个什么都不懂的小孩，替代太多，剥夺了孩子成长的机会。其实，孩子在很多方面比我们懂得多，而且很有自己的见解，有理性的思考。她很理解我们，也能认识到自己自控力差的问题，让我们提醒她。谈起她对自己和他人、对社会、对时代的看法，感到她的成熟超出了我们的想象。

16岁生日，我们要给她买生日礼物，可她认真考虑之后说，“还是给钱吧”，原来是想要一个花钱的自主支配权，还真急于长大呢！甚至说将来要用攒的压岁钱去创业，哈哈。谁说理财不是家务劳动的一种呢？

对于家长而言，关键点是，孩子的劳动参与都要予以积极的支持和肯定。

我以前做得很不好，错过了不少帮助孩子养成良好劳动意识和习惯、能力培育的时机。现在后悔，再补课也难。记得从小她就愿意到厨房里面围着我转，特别希望做点儿啥，择菜、切菜、炒菜，我就会毫无意识地赶她走，还说厨房重地危险，闲人免进。实际上，教她做家务是很好的机会，可以增进母女感情，还可以培养她的自理能力，且使得责任意识得到增强。可惜的是，那时我脑子里没有培养孩子这根弦，看起来好像是我干了活，实际上是耐心不够，不看重教育，只顾完成自己手头的任务。有一次，她想要炒鸡蛋，虽然是简单的活儿，我竟然习惯性地抢在她前面把葱花撒进锅里，让她很生气，明明是她在做！这件事让我意识到，自己平时有很多时候都是毫无意识地替代、控制、打断、干预她做事情，替代太多，剥夺了孩子成长的机会。从那以后我很注意，时时提醒自己不要替代。

家长对待家务劳动的态度，也影响到孩子对劳动的态度。如果夫妻之间为了家务活分工吵架，却要让孩子热爱劳动，显然不可能。工作压力大，回家后还要面对家务，确实需要一个好的心态。干活儿感到累，是因为没有做自己的主人。做自己的主人，就有了主动性，每项工作任务都带着愉快的情绪，做事就轻松、游刃有余。只要我们找到工作生活的节奏，调整心态，就会把上班当成是从家务中抽身出来“歇一歇”，下班自然也是从工作状态中转换出来“歇一歇”。“从能做的事情开始，孜孜不倦，不紧不慢”。善于从自己手头的工作中发展无限的快乐，想着要把每一项工作都做好，盼着去工作而不是害怕去工作，才不会感到累。

专注与投入

学习本来是一种可以令人乐在其中的事情，但是把每一次的学习行为当成苦差事，疲于应付，必然带来厌学情绪。这样的“学习”是得不偿失，还不如放松地玩耍。教育者作为帮助孩子追寻自身价值和获得心灵体验的人，应该培养孩子的求知热情，把学习转变成一种迷人而美好的旅程，贯穿整个生命对幸福的追求。高度的专注和投入能够带来行为和觉察融为一体的“心流体验”，不再是“没有付出就没有收获”的痛苦体验，而是“耕耘就是收获”。乐享当下专注投入的过程，享受巅峰体验，也做出巅峰的表现，收获更高层次的幸福感。

让孩子从疲劳战术中摆脱出来，追求快乐并且有意义的学习，这才是成功家长应该树立的目标。我们希望看到孩子生龙活虎，充满活力；在清晨满怀希望地起床，晚上带着充实的成就感入睡。这样的孩子既像小狼一样充满竞争力，又富于合作精神。

学习投入有三种投入，即行为投入、情感投入、认知投入。全神贯注地投入，就是整个身心的投入，而不仅仅是行为上的投入。猫捉老鼠，需要全神贯注、专心致志；学习知识是一样的道理。优秀学生最显著的行为特征就是专注和全身心投入。谁能够静下心来，投入进去，谁就能更快地进步。

可是有的孩子坐在书桌前几个小时心不在焉，或者心里很急，却看不进书、题目做不出、知识掌握不了、学习效率低下，究竟是什么原因?

孩子在初中阶段的学习中出现注意力不集中的问题，十分常见。孩子们学习中无法专注，有多方面的原因。家长们总是看到一些外部环境的因素，比如说现在的通讯方式、网络游戏、虚拟空间等扰乱了孩子的注意力。其实你所注意到的这些往往只是表象，深层次的原因，则很多时候来自家庭关系没有处理好。

专注力不是培养和教导出来的，而是人们天生就有的好奇心没有被消磨，而保护起来的。人们的心里有安全感时，才会全力以赴地做事情，才能够把事情做到最好。如果孩子在做事情时，总是被父母打断、打扰，未能沉入地完成一件事，那么其独立做事的能力就有欠缺。生活中杂乱无章、不整齐的生活习惯，不能够独立地做事，多出于这样的原因。孩子学习时做不到全力以赴、不专注、注意力不集中，很有可能是因为她的心力不足、能量不足。比如，有时孩子会将很多心力都消耗在父母的争吵中。所以从父母这个角度来讲，一定要有意识地控制自己，不要在孩子做事情时随意打扰。

心理学老师推荐的数字格游戏等，我们进行了练习，有一定的作用，能够从技术层面训练注意力，但是不能够从深层上解决长远的问题。最根本的还是，人没有烦恼，才能成长智慧。就是人们常说的，静能生慧。

安静祥和的母亲给孩子很大的安心感。现代科学已经以多种方式探究和证明，心有灵犀、母子连心，是真实不虚的存在。母亲的情绪往往影响着孩子的情绪，母亲心情平静、心态平和，孩子的安全感就强。所以做母亲很重要的一点是自己保持平静祥和的心态，让孩子每次回家都看到平静的母亲。

有条件的话，练习瑜伽是非常有效的静心方法。我十分推荐作为母亲的女性通过修习瑜伽和冥想等方式来很好地训练静心，培养自己的觉知能力。让人静下来其实比让人动起来更困难，是需要经过长期的练习才能够体验到的。现代人在纷繁复杂的环境中应该给自己的身心留一点儿空间，做做瑜伽及冥想，有助于培养和提升我们的情绪觉察力，帮助我们很好地认识和管理情绪，提升内在的智慧。

在克里希那穆提《爱的觉醒》中读到这段空灵的文字，给人带来冥想般的体验。“内心对任何事都没有抗拒和障碍，就是彻底解脱了冲动和需求，以及他们带来的冲突和虚伪，也就是张开双臂迎向生活。”“那个傍晚，你走在潮湿的沙土上，四周都是海鸥，你感到非凡的自由和充满美德的爱。”“天空非常的蓝，那蓝色总是出现在雨后，而这样的雨总是出现在几个月的干旱之后。雨后的天空被洗的一干二净，山丘充满着喜悦而大地是寂静的，每一片叶片上都有阳光，大地和你好像非常接近，因此要在你心深处那个你从未去过的地方冥想。”

读这些文字的时候，内心瞬间就沉浸到对大自然的向往之中。写这段话时，正是春天花事最盛的时节，金银花樱花杏花一茬茬开过去，一点儿小雨，花落后就绿意葱茏、青翠欲滴。晚上散步又被浓郁的槐花香味包围了。迎春花开的时候，吃到了今春的第一把野菜。把碧绿的蔬菜放进洗菜盆时，闻着香味，就像刚从地里摘回来一样。当你看到明媚的春天，感受它、体会它的质感似乎融入了你的身心。你闻到花香，呼吸带着草味儿的空气，然后你就拥有了春天的能量。

做一些放松练习，冥想、运动训练等，把心收回到当下，并保持足够的清净，才能够倾听和觉察内心的声音。对自我的情绪有比较清楚的觉知，对外部的负面信息、自身的负面情绪和负面思维等有了识别力和抵御力，才能更容易掌控情绪。自然地接纳自己的情绪，才能从焦虑中解放出来。

学习与积极情绪联结

“学习”这件事儿，作为一项长期的行动，并不是靠着毅力坚持下来的，而是靠着兴趣和喜欢坚持下来。不是“迎难而上”，而是要拥有浑身舒服、带着愉悦的情绪，行为才能够持续。带着积极情绪去做事情，会事半功倍。所以，我们的思维方式要转变为努力地去争取成功，而不是用力地避免失败。这就是我们所说的“积极面向”。

带着负面消极的情绪和带着积极情绪做事，效果显然相去甚远，我们在工作或者家务劳动中会有体会。若把它们当成不得已去做的任务，还没干，就已经感觉到累了。如果兴趣盎然地做事情，干多长时间也不觉得累。心态好了，就会发现生活一切都是那么美好。每天，静下心来做点儿拖地清扫洗衣做饭浇花，或者给长大的芦荟换盆这样具体而细微的事儿，就会觉得劳动是很幸福的事情。能够全身心地投入和享受做事的过程，这也是人们常说的正念。

情绪制约着大脑的思维。情绪影响大脑的运行，影响做事的投入程度，从而影响做事的效果和效率。人们只有在心地平静的状态里才能投入到学习中，这就是专心致志。

内心不沉静，头脑不清净，被叽叽喳喳的纷杂思绪和念头占据，身心不合一，做事时心不在焉，心地没有余暇去观察身边，以及内心正在发生的事情，自然心浮气躁。生活中人们遇到的多数问题，以及发生在我们身上的事情，也往往显示着我们自己当时的情绪状态，“好”的是，“坏”的也是。生活中发生的一些意外，都不是偶然的，很大程度上反映了人的心力和心态。心不在焉、心地混乱、头脑昏沉，做事就不能集中注意力，有时甚至会遇到意外祸端。

在这里我们还应注意到家长情绪对孩子的影响。孩子透过父母的眼睛看世界。你以积极的心态来看待世界，孩子就会乐观积极。相反，你身上的消极情绪和负面能量也会传递给孩子，孩子在生活中听到或看到负面的东西多，心情就不轻松。比如说“你不好好学习的话，将来没出息”“考不上好大学，将来就会怎样怎样”等威胁性的话语，就是负面思维，非常不可取。孩子脑海里装上负面的东西，总想着如何预防失败，在出发点时就是满脑的竞争激烈、到处有强大对手等信息，心态已经被吓住了，哪里还能够安之若素地做好应战准备？这样的心态必然使人缺乏冲劲儿，根本不能做到最好。

有天早上，洗脸时照着镜子叹息道，头发怎么白了这么多；到厨房去，站到冰箱边上，忽然忘了要来找什么，就唠叨着说自己老了，开始健忘了。甚至还会担心，将来得了阿尔兹海默症该怎么办。孩子听了这样的话很不高兴，“老妈你说这样的话有意义吗？如果姥姥在你面前嘟囔说自己老了，身体不好了，还要你做好独立生活的准备，你会是什么感受？”家长这些话可能说时无意，却传递出很多负面的东西，凭空给家人带来压力而毫无意义，是得好好注意。所以，我们每天清除负面情绪，给予孩子积极的东西，避免把负面能量传递给孩子，去除孩子内心的恐惧。

孩子的学习，是同样的道理。如果辛苦努力，取得的成绩还得不到肯定和鼓励，每次考完试后一想到回家要面对父母这样负面的表情就浑身难受，如果孩子常常带着这样的恐惧或者不自信等负面情绪学习，情绪和学习这件事儿就建立了不良的条件反射，形成恶性循环。这时的孩子可能会一谈学习，就在脑海中出现那些负面的情绪，就会想到妈妈指责、爸爸的训斥，爸爸妈妈因为自己的学习而吵架等，可想而知很难进入真正的学习状态，久而久之，便极易产生厌学情绪。

家庭关系、氛围、环境、教养方式，都对孩子情绪有很大的影响。家庭环境影响孩子的情绪，情绪又影响孩子的学习行为。孩子心情舒畅的时候，才能积极投入到学习中，专注认真。愉快地学习有利于学习兴趣和学习效果，进而实现高效学习。

所以我们在陪伴孩子时一定要关照孩子的情绪，与眼下的成绩相比较，更重要的是引发和保护好孩子的学习兴趣。家长们需要做的是，改变自己的行为，改善家庭环境和家庭氛围，使孩子学习的过程与积极的愉快的情绪联结，建立起学习的良性循环，孩子才可能建立起自主学习、自我管理的系统。有积极情绪为前提，我们再考虑孩子的知识结构、学习习惯养成、行为模式提升等其他问题。

最令人高兴的是小麦高二暑期开学初的出色表现。每天都兴高采烈地出家门，学习状态非常好，专心致志、心无旁骛。下午我们俩一起看了电影《功夫梦》，小麦说，以后每天你就对我说这句台词吧：“你能够做到专心就太棒了！”晚自习后回到家，说今天真是专心致志！这种情况下自我感受也非常棒！孩子每天都带着这样积极的情绪投入学习，活力充沛、

考试焦虑

专心致志，眼神专注单纯、心无旁骛，复习预习有条不紊且安排得紧凑合理。这样的学习状态效率很高，成绩必然会越来越好。想起这个假期里面家长的各种顾虑，明松暗紧地“盯”和“提醒”，看来真没必要！

考试焦虑

中学生们的情绪就像夏天的天气一样阴晴不定。不定哪一天，孩子就会跟你说，他不想上学了。关于这件事，孩子可能过一会儿就忘了，可是做父母的心却七上八下、好几天不能平静。孩子的情绪还经常反反复复，有时低落、有时亢奋，学习的状态也不稳定，成绩忽高忽低，这些都让焦虑的父母们感到备受折磨。孩子在高中那几年，家长的心情简直就像为孩子绘制的成绩曲线那样起伏跌宕，恍如荡在秋千上。

6月7日高考

早上又看了一遍书，小麦说放心吧妈妈，我准备好了。充满信心，轻松地走进考场。考完语文，小麦说这是史上考得最烂的一次，但说完就放下了，并没有影响心情，吃完饭睡到两点去参加下一场考试。下午数学考完后，感叹数学题出得太简单了，都能考到130以上，她的优势无法显示出来。晚上看了会儿电影《恶棍天使》，然后去做了一套理综题。夜里有一只蚊子钻进蚊帐，咬了一个疙瘩。

8号上午理综考试，她觉得偏难。中午她说，蚊子好大的胆子居然敢咬高考生，我们可是有交警护驾的！午饭后躺着休息，一点钟小麦忽然爬起来要拿手机查看一个关于乙醇的化学知识点。皱着眉头查完后，我问，放心啦？“嗯，放心地错啦！哎哟疼死我了，6分！别说话，让我自己难过一会儿”，然后她勾下头难受了一会儿。我安慰说不要紧。8号下午考英语，结束啦！蹦跳着出校门的小麦还和爸妈在校门口合影，脸上的笑容生动舒展安静又灵动。路上，我喊她美女！小麦回过头，一本正经地说："对不起，请喊我全名：美女学霸！"

孩子保持良好的身心状态，保持适度的紧张，才能顺利地应对一次次挑战。知识就像一个一个的点储存在脑海中，可以由一个点触发和带动另一个点。大脑适度的紧张，可以保持这些触点处于活跃的状态。心情放松而大脑活跃时，记忆中储存的知识就可以被最大限度地调动出来。因此，考前适度的紧张有利于正常发挥。了解了这一心情和大脑的作用机制，就可以充分重视考试，适度紧张而不焦虑。身心被调整到最佳的状态，内心有信心可以应对难题，就能够发挥出最好的状态。

可是，我们调研的结论是，孩子的考前焦虑很多时候都反映了家长的焦虑。父母的焦虑很高，给孩子带来的压力更大。家长们紧张地把眼睛盯在时钟上，看着孩子"在学"还是"在玩"，各种明松暗紧地"盯"，各种遮遮掩掩的"提醒"，都是对孩子的不信任和干预。除了传递焦虑和压力以外，没有任何好处。

那么，孩子在学习，你为什么焦虑？

一般说来，焦虑高来自不能亲自具体地做事，站在事物的外部，做出许多不切实际的判断和想象。父母要先发现并缓解自身的焦虑情绪，然后再去面对孩子。所以，你要亲自去试试，最佳状态就是和她一起趴着做题。通过与孩子"并肩战斗"、合作、共同做难题，做到心中有数，降低了焦虑情绪，心也沉静下来。

现在的高中学科内容很广很深，孩子每天都要带回一摞摞的学案。大部分讲义和学案中的题目我根本就不会做，但是我能做到的是把它们认真抄写下来。我利用业余时间把小麦的学案错题一一整理，把错题的题干誊写到活页本中，小麦自己有空时在上面选做。这样的错题本我帮她整理了好几本。孩子都认真做了标记和修改。其实我知道，在她的学业上，我是帮不到什么忙的，但是，在她任务繁重且紧张的高中时光里，当妈妈的能够做到的就是这点精神上的支持。孩子感受到你的支持，有一种安心的感觉，也就能够沉下心来，踏踏实实地一步一步地前进。

陪孩子备战高考，或许能成为你改善亲子关系的最佳时机。你得首先能关心他的感受，孩子就能学会理解你的感受。面对各种考试压力，有时需要当好孩子的情绪垃圾桶，有了家长的包容心，看着孩子发脾气也觉得可爱。

高三开学后第一次考试，小麦的英语考了第二名，数学在全班名列前茅，物理也不错。考试成绩取得了这么大的进步，是她付出的努力得到了回报。这次考试后，我绘制了她的高中成绩进步曲线，这两年真的进步飞快！她看了以后，也很高兴自己的进步，人也更精神更漂亮了。小麦最近总是觉得自己以前不够努力，现在时间紧迫，对自己以前的努力程度感到不满意。这一点令人欣慰。我知道，越是进步，就越知道自己的不足。当她自己觉得不足时，正是在酝酿更大进步的时候。

陪孩子备战高考，还有一个更大的功课，是要看清自己的焦虑，并把自己的焦虑指数降下来。

这一代独生子女的父母们，较为普遍地存在焦虑情绪。焦虑是现代人常见的不良情绪，是对自己或亲人的生命安全、前途命运等的过度担心而产生的烦躁情绪，其中含有着急、担心、挂念、紧张、不安、忧愁等成分。

当今时代，高等教育分层发展、高校排行、教育资源配置的地域不均等因素，使得高考成了多数中产家庭行动的指挥棒。许多家长对于未来生活存在各种焦虑，都寄托于孩子的学业成绩和表现上。孩子的考试成绩牵动着家长的敏感神经。据观察，在教育子女上更容易焦虑的是中产阶层，这种焦虑在当今社会已然成为普遍现象。

焦虑对人们身心健康和言行的影响有隐蔽性，特别是当无意识地处于焦虑状态时，或者当焦虑已然成为习惯时，必将影响自己和身边人的生活状态。遇到因焦虑带来的问题，我们却想不到应该先去调整焦虑的情绪，这是一件糟糕的事情。长期焦虑的人常常会感到被一系列的烦恼缠绕，被家庭、子女、教育、工作、生活中的一堆问题搞得焦头烂额、疲惫不堪、精疲力竭。在我看来焦虑的表现就是在做一件事情时心里想着另一件事情，头脑散乱昏沉，内心不清净，无法安于当下。吃饭时心却在工作上，工作时心里却在想着有本书要读，读书时却想着有件事没完成，而只要同时有两件事情在手上，就会很烦躁。

开家长会时，总会听到老师告诉我们，考试时成绩如何，一看心态，二看状态。事实确实如此。把考试成绩的升降放到一个长远的阶段里面来看，你会发现，成绩体现的不只是孩子一个人的努力，而且是一个家庭整体状态的体现。我们做家长的心态和状态，极大地影响着孩子学习的状态和考试的成绩。如果你不以一颗平常心对待孩子的成绩，过于关注考试结果，或对考试成绩期待过高，无疑会使孩子感受到更大的压力。

我们所说的家长心态，仍然是个认识问题。如果你把考试成绩当成人生成功与否的标准，必然会陷入对孩子成绩的焦虑之中，这样的心态要不得。家长们把分数看得过重，是自己的功利主义和对前途的焦虑使然。就像在工作单位上，当团队的成绩不佳时，做领导的生属下的气，显然是领导的不对。在家里也是同样的道理。家长是领导，看到孩子成绩差，首先该反思的是自己，而不是把孩子批评一顿。你的心态平和了，才能务实客观地对待孩子的成绩，知道只有脚踏实地、稳扎稳打、持之以恒，才能稳定的进步，才能设身处地与孩子一起并肩作战，做孩子的支持者，而不是焦虑的局外人。

你可以静下来想一想，当孩子考试成绩不尽如人意时，你的表现是怎样的？有的家长说，看到他考得不好，我已经很小心了，都不敢说话，可他还是那么烦躁，是怎么回事？这仍然是因为家长的焦虑指数太高，即便你故作轻松，装作若无其事，你的焦虑还是能被孩子感受到。

面对孩子反复起落的情绪，母亲需要做的是，心平气和地接受孩子的每一次成绩进步和每一次考试失误。记得母亲曾对我说过，什么时候都要敞开心，什么也别害怕，难受的时候心里想想老妈，心里就会安稳些。心平、气和，只有心平才能气和，身体才好。“心平气和”这个词本该这样被理解。孩子不需要说教，只需要安静的陪伴，耐心的等待。你心正了，正能量强了，有一颗包容他人的心，内心安静了，就会让孩子感到舒服。

学习压力与生病

身处信息时代的独生子女，在与急剧变化的时代共同成长的过程中，还面对知识经济信息科技飞速发展这一人类前所未有的时代挑战。

科技的发展与社会的进步使得人们有更多的时间被解放出来，应该可以让人们生活得更轻松愉快才对。可是人们已经开始注意到，时代发展飞速，带给新时代孩子的压力远远大于过去的任何一个时代。科技越发展，人们所需要承受的压力越大。特别是知识的几何级数的增长，使得孩子们不得不应对史上最多的知识学习，大脑的功能和容量都受到了前所未有的挑战。

儿童的身体和心灵本来是多感官综合体，身体的各个部位都需要得到均衡的发展，然而现在，孩子们不得不把有限精力的更大比例用于掌握各种纷繁复杂的知识和技能，身心发展受到了抑制和伤害，处于不健康的状态。据研究表明，现代社会中青少年患抑郁症的比例越来越高。如果发现孩子长时间情绪低落，很难集中精力学习，或有大幅度的成绩下降等情况，家长要充分重视，了解原因，必要时及时寻求帮助，可以找学校老师交流或者请教心理咨询老师。

在高考前的大半年里，高三学生的学习压力大，在学校的时间以学习为主，回到家的一点点休息时间也被安排满满。我已经记不清高三期间孩子感冒过多少次了。但是，有一次说膝盖疼，有一次头疼，常常口腔溃疡，疼得厉害，有一次胃疼，有一次右肩膀酸疼，一摸肩颈处很硬，到医院检查，医生告诉我们，这些症状都是紧张和压力造成的。

家长们密切地观察着孩子的一举一动，恨不得孩子每一分钟都在全心备战状态。看到孩子感冒发烧头疼，家长更心急如焚。怕孩子不能劳逸结合，又怕在家耽误课，左右都不是，孩子和家长在一起，很容易就争吵起来。孩子一感冒生病，当妈妈的就惊慌失措，其实还是你对孩子不放心，恨不得代替孩子成长。

对待疾病正确的态度是，把生病看作是一个成长的机会，促使自己的思维方式转化的机会。不管是成人还是孩子，感冒或是生病一段时间，人生境界会有一个大的提高。生病对孩子而言，至少有以下好处：1.使人珍惜生命，珍惜时间；提示人不要不知天高地厚，要敬畏生命；2.生病过程中父母的照顾多于平时，孩子会获得充分的爱；3.整个家庭的耐心得到锻炼；4.从心理学上来看，生病过程也是排毒过程，一并排泄情绪毒素；5.促使孩子增长人生经验，提升解决问题的能力；6.生过病，就会增强与疾病作斗争的能力，孩子生病的过程就是她自己遇到困难克服困难自我调整的过程，形成面对各种困难的能力和素质；7.病好转的过程是系统能量水平恢复的过程。

生活中免不了遇到各种困难，人总要经历。从长远看来，任何一种经历都是好事，包括战胜疾病。受过的苦不算苦，没受的苦才是“苦”。受些磨难，也是扩大心理容量和承受力的机会。把每个遇到的生活问题，都当作成长的机会。发现问题，解决问题，就是事情向着好的方向转化的契机。

所以，这时候家长最应该做的，就是补上陪孩子生病这一课。

薄弱学科

小麦读高二时的政治科目总学不好，概念靠死记硬背，效率很低，考试错题多，成绩不高。仔细分析后找到三方面的原因：一是，通过分析错题，看到孩子在考试过程中没能够专注地审题和分析题目，带来答题失误，这从根本上讲属于情绪问题，那么我们就会相应地调整情绪。二是，在平时的学习中，没能将知识与实际联系起来，没能将课本上的知识与自己身边的生活体验联系起来。三是，对政治课学习有一种抵触情绪，不感兴趣，认为学习政治课只是为了考试。

生活中我们经常看到这样的现象，英语老师的孩子往往容易在英语上出成绩，数学老师的孩子数学特别棒，家长哪方面强，孩子往往也是哪方面强。一般人们会解释为智力遗传，事实上，除非天才，人们的智力差距不大。我这做家长的，自己就不喜欢政治学科。平日言谈中流露出的“政治比较难学”等看法和情绪，必然会影响到孩子的认知。家长自己抵触这门学科，孩子就不善于学习、理解这门课。从家庭教育这个角度我们观察到，孩子在某学科的态度和成绩表现，往往与家长的学科观念有关。家长对待学科的态度，必将影响孩子的学习态度。

找到这些原因后，我自己首先调整对政治科目的认识，端正对政治学科的态度。政治是所有公民的公民课，很重要，与生活联系紧密，十分有趣。同时调整行动。平时多看时事和新闻。孩子有空时，拿政治试卷中一个较复杂的题目为例展开探讨和分析，把知识与孩子的生活经验相联系，理解事物的原理有助于记忆。

比如英语科目的学习，如果家长说学英语是为了考高分，孩子自然会产生厌倦。但如果我们强调学好英语是为了更准确地运用这门语言工具，使其成为帮助我们打开与更广阔世界交流的钥匙，孩子学习的动力显然更足。

教育学认为，教好学科知识的前提是教师自己先学好学科知识。对学科知识所反映的思想、精神有深入的体会和理解，善于抓住学科的核心概念和思想方法，能揭示学科知识中所蕴含的科学方法和理性思维过程。捕捉、挖掘学科知识中蕴含的资源，并用与学生身心发展相适应的方式表示，使学科知识对学生发展产生影响。

任何一门学科的知识与孩子的生活体验建立起联系时，真正的学习才会发生。在生活中，我们如果能够有意识地运用马克思主义原理解读现实问题，孩子也会养成这样的思维。

生活本身就是生动活泼包罗万象的教科书，没有任何一本教材可以做到这样综合。家长和孩子在一起的生活中，找到共同的话题，自然就可以很顺畅地谈开。从国计民生到经济政策，从国家领导人到老百姓，由疫情防控形势展开的国际政治国内形势探讨；谈宗教起源、朝代兴替、殖民历史国民性、政权变更，讲起来就像讲故事一样信手拈来；从汽车设计制造谈到背后的国民文化；从千年不朽的沙漠胡杨聊到花儿为什么这样红；旅游路上描绘河流山川沙漠峡谷人文地理，国土国界；从天气到气候温差聊到地域农牧业；从公路讲到海陆交通，汽车机械原理和维修工手艺；路上看到运煤的车，一路就聊到各种资源的地理分布，还有相关的国际关系；也说时代和音乐，听新闻，聊时事，高考作文和作家写作的不同标准。如此这般每个话题聊起来，就把生活变成了活色生香的万花筒。这次疫情中，我们每天看到的新闻、人物、事件，关于生命、关于国家、关于食物，疾病健康、人与他人、经济社会、文化，都是家庭教育的生动素材。

在这样的聊天中，孩子的好奇心和学习兴趣自然而然地被激发出来，不再抵触，学习起来也感到容易，很快成绩就得到了提高。

在应试中提升素质

人们关于家庭教育的认识，来自古今中外的知识，片面零碎，既不全面又不系统，社会上有很多关于教育的流行观点，给家长们造成很多困扰。比如有家长问，不是说应该强调孩子的“个性发展”“独立的思想”吗？不是要培养创新型人才吗？钱学森先生不也站在国家民族的全局，提出创新人才培养之问“中国什么时候能培养出创新型人才”吗？现在的高考制度符合人的个性发展要求吗？家长们到底该怎样看待当下的教育，包括教育制度、教学方式？特别是一些自身学业经历比较丰富的家长或者知识分子家庭，更容易陷入这种纠结情绪之中。

现实地看来，任何一种教育都是特定政治、经济和文化背景下的教育，教育价值观和教育体制机制不是凭空产生的。

学校教育的任务是把学生培养成为有知识的社会主义建设者和接班人，高素质的劳动者。对更多普通家庭的孩子而言，到学校学习的首要目标是考上理想的大学，获得更多的发展机会，将来具备就业能力和找到理想的工作，而不是只有成为思想家和科学家这一个方向。所以说，事实上，孩子处于初中高中学习这个阶段，过分强调“个性”也是不合时宜的。

到了高中阶段，考试和应考几乎成了孩子们的生活方式。考试对于孩子升学、学业、未来的就业考试等都十分重要，家长们自然极为重视。考试成绩牵动着家长们敏感的神经。

中学生的重要任务就是学习，考试是检验学习效果的手段。青春期又是锻炼形成意志品格的时期，家长们完全不必纠结于“应试教育”还是“素质教育”。想想看，对素质教育的精髓要义没有掌握，只是皮毛地理解，却跟着质疑现在的教育体制，除了自我纠结以外，还有什么其他的用处呢。重要的是把两者结合起来，充分重视每一次考试，把应试作为素质提升的训练场。实际上，孩子在生活中学到的解决问题的能力，可以迁移到学习和改善成绩中去，而在学习和应试中形成的意志品质和分析问题的能力，都能够迁移到生活中去，成为解决现实问题的能力。有了这样的认识，就可以更好地引导孩子摆正学习态度。理性地对待学校教育和社会教育的现实，从现实出发，利用好现有的教育资源，服务于孩子的长远发展。

应试教育和素质教育，存在一定的冲突和矛盾，但是我们更应该关注的是把两者更好地统一于孩子的全面发展上来。端正态度，以开放的积极的心态把自己的行动统一和融入教育体制对人的培养要求上来，与学校教育真诚合作。

我们现阶段的教育强调应试能力，所以不宜把“个性化”发展目标考虑得太多太远，先把应试当作学习的助力就好了。有些学科知识，如数学物理，高中阶段的任务不包括深刻地研究“推导原理”，那就学会如何运用公式来解题方法就行了。工具好了，成绩提高了，信心就提高起来，然后再讲提高水平。“先富起来，再强起来”，这就是面对现实、解决现实问题的态度。

21世纪的未来，每个人充分发展将是社会的需要和社会发展的方向。每个人都需要接受良好的教育，在各类课程上学到不同的知识和技能，才能最大程度地发挥才能。从全面素质教育的角度来看，显然不应该过早地进行文理科分科学习，文科理科知识都要打好基础。人文素养和科学素养相融合才是人才培养的方向，把应试教育和真正的素质教育结合起来，克服知识结构上的限制。综合目前国内高等教育和高考制度的情况，结合自己孩子的实际兴趣和特点，尽量做到文理科目均衡全面地打好基础。考虑到在文科的基础上学理不太容易，在理科的基础上学文科却可以在长期里面补足，所以在高中阶段选择了理科科目。现在高考改革后，不再分文理科招考，学生们有了更多的灵活自主性。

孩子在小学阶段有充足的业余时间，可以发展些专长，培养些艺术能力，初高中阶段是有余力再发展专长，大学阶段可以放开发展专长。现实地看，临近高考，就应致力于应试能力提升，把孩子的学习成绩提起来，确实是这个阶段的关键。孩子喜欢画画，自认为有这方面的“天赋”，喜欢看美术类书籍，可以一边肯定她的才能，同时把相应的能力引导到学习上。

有一次考试小麦成绩很不好，但是通过总结经验教训，感到获得了很大的考试效益：一是老师在讲解试题时，第一次没有因为挂念着成绩排名这一类的事情而分心，而是专注于老师的讲解，发现了自己以前上课注意力不集中的问题。二是她很感激这次考试在合适的时机以这种方式给了她应有的提醒，使自己认识到学习中存在的问题，比如，学习新知识吸收很快，题目都会做，但是不善于按时复习，不能把知识随时巩固下来。三是对考试的功能有了新的认识，以后知道考试应该关注什么，不该关注什么。四是感悟出了一些复习预习提高效率的方法，也懂得去向他人或书本寻求思路，进而看得进用得上，还认真阅读了朴哲范的《一日学习方法》。所以，胜败乃兵家常事，关键看被考倒了还是考出了干劲。

还有一次生物考试，小麦答题卡上没有涂考号，按规定考得再好也记零分，当时她很难过，心情十分低落。但是，后来再也没有忘记过一次，每次都要理出时间仔细检查。在没有造成大损失的情况下，在这里学到了很好的一课，能够吸取教训，以后不犯同样的错，这也是生活给她的礼物吧。

如果我们把每次的考试作为检验学习效果、发现问题、解决问题，查缺补漏的过程，那么经历的大大小小的考试都包含着进步的启示。

亲师信道

近些年来，就像社会上尊师重道的风气淡漠一样，在家庭中父母与子女的关系也不像传统的关系。孩子在家抗拒父母，在学校拒绝教师的严格管理，不接受批评，甚至发生冲突。家庭对于孩子过度爱护，袒护孩子甚至无原则地对待孩子的行为偏差；过分强调个性与自由；师道尊严传统的弱化与家庭秩序的失落，以及父慈子孝不再，竟是如此惊人的相似。

对于个体而言，家风的传承从家庭开始；对于国家和社会而言，文化的传承从学校开始，人与人之间基本的伦理观念、礼仪，始于师生关系。看似一对简单关系，实则影响深远。家中父慈子孝，学校里师爱生尊，都是人性育化之始。

学生在对教师的尊重、信任、合作中全面发展自己，虚心聆听教师的教诲，养成尊敬师长的意识和行为习惯，从老师那里学到道理、知识、技能，获得成就感与生命价值的体验；学生还从良好的师生关系中获得人际关系的积极实践，学习更好地律己和敬人，逐步完成自由个性和健康人格的确立。

有些孩子不喜欢某类风格的老师，不适应老师的讲课步调，影响到学习效果。家长要教孩子爱老师，亲其师才能信其道。把老师看作自己成长中的“肩膀”，带着对知识的敬畏、对教师的敬意学习，身心处于接受的状态，才能吸收正面能量，收获好的教育效果。

家长发自内心地敬重每一位老师，对孩子老师的付出怀有感恩之情，真诚地看到和尊重老师的优点，充分信任，不挑老师的毛病，自然地就会看到和向孩子宣传学校、老师、同学的好，让孩子体会到老师愿意并真实地帮助自己，学会感恩。在孩子的心目中，老师的形象很高大，自然就会“亲师”“向师”，用心聆听和接纳老师传授知识，学而不厌。

小麦在高一下学期直到高二高三，成绩经历了从进步到波动较大到稳步上升三个阶段。期间，我们与班主任及两门薄弱学科的老师有良好的交流，交流学习中遇到的困难和困惑，有针对性地改进，老师的关怀和鼓励对于孩子的信心和干劲起到了极大的促进作用。

班主任老师对于孩子的帮助和教育特别重要。一次次考前动员、考试后的分析和鼓励谈话都及时地给予她方向感和更高的目标。孩子遇到情绪波动的那段时间，老师的谈话使她觉得“就像脑袋上有一个盖子被揭掉了一样，神清气爽”。听说生物考试忘了涂卡正难过得很，班主任立即找她谈话，还用力拍了她肩膀一下，“接下来好好考啊”，那一刻，她说“觉得自己像是一下子又活过来了”。我和孩子都十分感恩她遇到的每一位好老师和班主任老师。

进入大学，每每想起老师的教诲和帮助，孩子都充满感恩之情。读大学以后，更是幸遇几位良师益友，对于她走好人生道路给予了极其重要的指导和引领。

青春期交往和情感

社会能力的养成从孩子懂事就开始了，而青春期是心理走向成熟的重要时期，也是孩子社会认知和交往能力养成的重要时期。青少年在此期间建立起与时代相适应的价值观，形成良好的心态和人际交往能力，是拥有好的人际关系环境的保证，是未来能够独立地面对社会竞争与合作、与社会和谐联结的基础。如果孩子性格开朗活泼，爱好和交友广泛，能够建立起良好的友谊，相互促进、相互有助益的朋友多，人际交往和沟通能力强，走到哪里我们都可以放心。相反地，社会交往能力未得到良好发展的孩子，易于性格孤僻，不自信、内心荒芜缺乏精神支持，长大后很难融入

青春期交往和情感

社会，会带来很多问题。

良好的人际交往能力体现在，能够积极正面地融入群体，对他人、社会和世界有准确的感知和理解力；爱生活、爱自己、爱社会、爱他人；真诚、自信、乐于分享、乐于帮助；能够自主地解决人际交往问题；遇到困难能够求助他人；在必要的时候能够寻求和获得更多的社会支持；有团队精神，等等。这其间家长对此予以适度关注，有意识地培养和引导，对孩子的健康成长十分重要。

小麦高二前的暑假，肤色红润了很多，看起来水灵灵的，身体曲线明显了，像个女孩儿了。晚上吃饭时看到她对着面前的某处发呆，我的脑筋转了一下，猜想，会不会有心事了？记得自己这么大时可有很多很多心事呢。虽然现在看来没有什么大不了的事，但是那时候觉得都很重要啊。

高中阶段，虽然学习十分紧张，但少年们对友谊的渴求还是十分强烈的。还记得女儿17岁生日那天的开心和感动，那天她收到了来自新老朋友同学们满怀的祝福、各种卡片，还有大大小小一堆的礼物，拥有那么多的友谊和爱，整个人都轻盈起来，眼睛里闪着快乐的光，坐在书桌前面对那一堆讲义还是神清气爽。当然，对我这个高三学生的家长来讲，看到有些精力分散在看手机、与同学发短信、过生日收礼物，为送同学生日礼物而花心思时，内心还是焦急的。

处在十几岁青春期的孩子，身体机能及智力发育趋向成熟，他们渴望成就和被赏识，渴望被尊重，渴望平等交流，孩子们情感和思想交流的主要对象是同龄的伙伴们。同伴教育必不可缺，榜样的力量是成长的助力。特别是一起学习一起参加高考的同学们，就像一个战壕里的战友，并肩作战、互相帮助，纯真的友谊成为孩子们人生路上的宝贵财富。

人际交往能力很重要，但是，面临高考，现在所做的一切都要以学习为主，不能优先发展人际交往能力，那些与现阶段主要任务有冲突，牵扯太多精力的人际关系，应当避免。

（3月24日）周六晚上小麦兴致勃勃地参加了小西的生日派对，周日下午又要去参加校园歌手大赛，因为好友田田是主持人。我和麦爸都不太愿意她去，而她坚持去，争了一大阵子也改变不了她的主意。而且她第一次明确地提出，以后老妈你不要再说我再管我，我自己会好好学习的，然后就头也不回地出门了。说话语气中带着的不屑让人伤心。15岁就算长大了吗？以前听说小西经常与一些学校外面的社会男孩交往，父母不太管教，我对此有些介意。我的顾虑是多余的吗？是自己被生活中遇到的惊险吓怕了，还是庸人自扰自寻烦恼无中生有？我坐在桌前发呆，麦爸过来劝慰，孩子长大了，尽量少管。

后来，我还是跟孩子交流，高三阶段主要任务是学习，不能把精力浪费在复杂的事情上。将来要与优秀的人同行，首先得把自己打造成优秀的人，形成自己的交往能力和风格，再到更高的平台上交朋友。人际交往能力很重要，但是与现在的主要任务有冲突，不能优先发展它，现在所做的一切都要以学习为主。

孩子没有表示反感，安静地听了。晚上，小麦很准时地回来了，没有答应周末去外面吃饭逛街的邀请。晚自习结束后，田田跟小西一起走，小麦自己一个人回来了，显得有些低落，说自己没有朋友了，有失落感。

抓住学习这个核心，把眼下的关注重点放在学习这个主要任务上，其他的就都不是问题。家长的合理引导，主要在于让孩子学会思考，学会正确地处理人际交往问题，让他自己学会找正确的处理方法。心态平和地面对，事情会自然而然地发展。

大部分青少年希望尝试新鲜事物，而且这个时期孩子的观念和行为，很容易受到朋友的影响，我们也要予以适度关注。所以我们也需要了解孩子的同龄群体的观念和行为特点，了解自己的孩子。需要帮助孩子建立起安全意识，了解孩子结交朋友的基本情况，了解自己和他人的行为会带来的后果，有哪些不安全的行为，等等，避免危险。

（8月7日）早上想和小麦好好谈谈这段时间她对手机的依赖问题，没想到引起了孩子的情绪爆发，哭了一通。那次对小西的事情，她一直难以释怀。大声说，你还当老师还教育学博士呢，怎么处理孩子们之间的关系，竟然会用那么粗暴的方式！ 原来，我的不恰当的处理，给孩子带来的伤害是那么大。不禁又一次想，为什么一遇到自己孩子的教育问题就不知所措？人家都说谁谁教子有方，方在哪里呢？

孩子不喜欢你对他的朋友品头论足，但是你可以在合适的时机，和孩子交流讨论告诉孩子真正的友谊和好朋友的标准是什么。与此同时，要明确行为的规则和界限，明确哪些是不允许做的，哪些是需要他自己做的，这一点很重要。青春期的孩子表面上抗议这些规则和干预，但内心还是有是非判断力的，而且内心十分依靠家长所提供的强烈的安全感。所以，我们做好孩子的父母，而不是他的同辈朋友。

对于很多父母来说，似乎很难和孩子讨论关于性方面的问题，诸如生理知识、性别的社会和情感层面等这些话题，在这种情况下，要鼓励你的孩子在学校或通过书籍等方式接受健康的性教育和卫生知识，远离不良环境带来的伤害和可能的危险。

近年来，从一些有关校园欺凌的事件中，我们也观察到这类事件中的孩子的性格特点。被欺凌的孩子，往往是缺乏自尊自信、内在能量不足，眼神里面有恐惧和弱，平时不敢正义凛然地拒绝侵犯，让坏人的欺负得逞。从中或许我们可以得到这样一点儿启示，从保护好孩子安全的角度，我们家长应该做的是什么？教孩子了解关于侵害的知识，有所防备，与他人交往中的礼貌、适当的社交距离，面对问题如何沉着冷静地面对和处理，学会找正确的处理方法，学习自我保护的知识并远离侵犯和伤害。

高中阶段的孩子，处于青春期的青少年，对异性萌生懵懂的感情，本是纯洁美好的事情，遇到感情上的波折变动，也十分正常。可是，“早恋”这样的提法给家长们带来了很大的恐慌，担心孩子的情感会带来情绪波动，影响学习状态。许多家长对此如临大敌、严防死守，发现孩子的懵懂恋情就顾虑重重、紧张慌乱，过度关注和反应，甚至小题大做，处理不好就演变成问题，甚至把孩子推到了与家庭对立的境地。

现在的青少年，大部分时间都在学校，缺少自由的时间和一起玩耍、一起劳动的伙伴。在学校里，他们渴望得到友谊和认可，实际上对同学关系和朋友关系还分不太清楚，很多时候寻求的是一种类似兄弟姐妹的感情。

高三上半年期末考试前与小男孩“分手”，有段时间情绪低落、脸色不好，小脸好像瘦了一圈。有时候叹气说人生艰难，还说以前像个笑话。高三学业水平考试前几天，有天晚上外出了一趟，说是要“解决自己的问题”。回家后就咳嗽，第二天早上感冒得更厉害了，最后没去上学，心情很不好，情绪也不稳定。晚上睡前，还着急自己的考试，担心地问：“这几天我学不进去，要紧吗，还能学好考好吗？”情绪好的时候学习状态就好，效率高，情绪不好的时候就一点儿也学不进去。这种情绪反反复复了一两个月，实在令人担心。虽然我早有心理准备，知道感情波折很难避免，但还是心疼加焦急。自己想了很多话，刚想用自己的经验和理解开导她，一开口就惹她反感、发火、掉眼泪：别不停地在我耳边说话！啊，还是赶紧闭上嘴，让她有点儿时间自己面对难过吧。

今天，孩子说自己性格中的刻薄挑剔让人受不了，而这都来自从小生活在我们俩牙尖嘴利的环境之中。她说自己没感受到父爱如山母爱如水，我们浮躁所以她就浮躁。也确实如此，这不是在改吗？同时看到孩子也在反思自己身上的缺点，我觉得也算是这段经历的一个收获。

班主任老师找她谈过话，小麦回来后说，自己切换了能量来源，要进入一个稳定的新常态。“游离的小麦回来了”。呼！

一模考完试后，小麦对我说她有一个发现，丢的分数其实与考前的痛苦无关，她由此相信，到高考时不会因为情绪受到太大的影响。这样的发现可真让人安心。晚自习接小麦回家的路上，她说自己通过短信解决了，而且解决得很好。她说得很慢，有些难过，但很坚定。给她哥哥打了电话，慢慢地阴转晴了，说有个哥哥真好。姥爷打电话来，不许我俩对孩子横加指责，扰乱孩子。我和他爸统一了认识，心情好比学习好更重要，高考前我们俩的任务就是要高兴，让小麦开开心心的。

晚上回家后，麦爸和小麦聊未来要读的大学、专业、职业理想。聊到Facebook创始人扎克伯格简单朴素的生活方式，和他对妻子女儿的爱。他的妻子长相普通却智慧幽默自信，支持自己的爱人，赢得了敬和爱。他告诉孩子，通过努力提升自我才会赢得尊敬，现在的核心任务就是全力以赴地学习，提高自身素质和才学与能力，等上了大学再漂漂亮亮找个优秀的男朋友。

只要引导得当，谈恋爱本身不是问题。异性的喜欢会提升孩子的自信；孩子喜欢别人，会从对方身上学到优点，还会自我激励自我进取；即使遇到失恋等状况，还可以帮助她更好地认识自己和他人，或接纳或拒绝或被拒绝，都有助于建立对自我和他人的合理认知。

有位在工作中表现出色各方面都挺优秀的女孩，已经三十几岁还没有谈过恋爱。我们感受到她对关系带着一种本能的恐惧，内心就像有一层硬壳包裹，与异性总保持一种距离无法跨越，不敢建立更为亲近的关系，更难以走入婚姻。深入地交谈后我发现，问题还是来自家庭教育。她很听父母的话，没有过叛逆。刚上高中一年级，家长就告诉她说，不许“早恋”。她是班里唯一被老师认为可以和男生同桌也“很安全”的一个，可是毕业后还是很惊讶地发现同学们有过各种对异性的好感，而自己从没有对异性产生过任何“不该有”的想法。家长们把从自身经历的恐惧和担心出发，把太多的“应该”和“不应该”传递给孩子时，会给一个女孩子在面对异性时带来多大的心理困扰？

在孩子的青春年华里严加防范，到孩子毕业后却又催促孩子谈恋爱结婚，这是谁的节奏？恋爱可真不是家长能规定时间和任务的事。现在不少青年到了适婚年龄还不想谈恋爱，或者不会谈恋爱，岂不是更让家长头痛。

所以，建议家长们在孩子的感情方面，与其小心防范，不如顺其自然，把它作为孩子成长路上必经的一个阶段，让孩子在经历的过程中收获成长。

女孩的身心安全教育也要很早就开始有意识地进行。这是孩子健康成长的基本前提和保障。有意识地阅读一些关于孩子健康的书，看了《只有医生知道》《你的身体是一切美好的开始》，在合适的机会给孩子讲关于性别的教育，培养女孩自尊自爱。也要注意防范意识的培育，告诉孩子，你有权拒绝那些你不喜欢的人和事；维护好自己的精神边界和足够的尊重；面对非善意的侵犯，能够做好自我保护，不受他人的控制和伤害。

爱与自律

自律的孩子，面对诱惑会自觉控制和约束自己，有较高的自我要求和价值追求，有坚毅的品格，能够主动地、持之以恒地做事。相反地，孩子在生活和学习习惯上不够自律，学习不主动，看电视和手机上瘾，不自主、自理能力差、无法独立做事、对自己对他人对社会的责任感不强，等等，体现出孩子心智还不够成熟，自律意识和能力不强。

自律的本质是对眼前快乐和欲望的约束，因此是面对生活选择的一种自我博弈。不管是健康管理、人生管理，还是时间管理，都需要强大的自律。自律很难，然而只有自律的人，才有可能摆脱平庸的困境走向卓越。

那么，孩子的自律力是如何得到发展的呢？

孩子的自律和自我约束，应该是他自己做出的一种主动行为。这样的自律，不是被逼无奈的压抑，不是自责的驱使，不是为了做给家长看的自律，而是充满自信的、内心舒展无碍的自律。这样的自律，必然是在父母充分的包容、信任的情况下，才可能建立起来。

与自律力紧密相关的，是个体内心的自我价值感。

自我价值感高的孩子，身心能量就高，内心强大，珍惜自己的生命，珍惜自己的时间，会自觉自律地安排好自己的时间。这样的孩子自然懂得爱惜自己的身体，愿意改善生活习惯，努力让自己变得更好，而不必由家长催促。这样的孩子有信心有力量，遇到困难积极乐观，能够求助于老师和他人，会肯定他人、夸赞他人、包容别人，能够做出自我批评，更易于承认自己的缺点。

相反地，对自己要求不高、目标低、容易自满、攻击性强、讨好型人格、急于打断他人、故作冷傲等，本质上都是自我价值感低的表现。有时候我们看到有些人看起来傲气，也可能是内心不够自信的一种心理防御。越是固执的人，思维比较偏狭，难以说服，其实内心都有着不自信，甚至自卑的倾向。攻击性强，实际上也是一种不自信的表现。个人的不自信、自卑，会产生恐惧和害怕，于是想要控制，觉得自己没法控制他人的想法和行为，于是就出现攻击或反攻行为，则会带来很多问题。

得到充足的理解和爱的人，内心力量就强大，自我价值感高。懂得了这个道理，就可以明白，培养孩子自律力的第一步，是帮助他建立起更高的自我价值感。父母给予孩子足够的爱，使孩子获得足够的能量，培养其自信，孩子的自我价值感逐步建立起来，生活中的不自律问题也就自然减少了，许多问题也就迎刃而解了。这是一个长期的过程，家长要知道其中的原理。

孩子需要在我们的引导下，慢慢地建立起他自己完整的自尊体系。孩子好的行为和进步需要被父母看到，需要得到积极的反馈。父母及时的肯定，会给孩子很大的鼓舞。所以，家长要给予孩子真诚的欣赏和赞美，使她强烈感受到自己的价值，就是猛烈地“储存”能量。

在一定范围内通过别人的评价来改善自我，能促进人的自我完善和进步。但是，依靠别人的评价活着，就是个人的自我还没有建立起来。对他人的评价和认可看得过重，不会拒绝他人，待人接物拘谨放不开，苛求完美，根本上都是源于内心深处的不自信。认为自己不够好，这种不自信，耗费心理能量。有的女孩面对不喜欢的异性追求，不懂得如何拒绝，不知道如何接受和表达好感；还有的女性认为在恋爱中自己采取主动就降低了自身价值，害怕被轻视。这些都是自卑心理引起的，自信的现代女性能够做出主动的选择。自我建立不起来，最根本的其实就是内心缺乏力量和安全感。

我经常从自己身上注意到这个缺陷，这些年有意识地调整才逐步走出了这样的困境。自我价值感水平提升起来，能够发现自己的优点并发扬光大，不自我否定，不活在自怨自艾里，也不活在别人的评判里。活出真实的自我，内心有光，充满信心和希望，就会散发出阳光自信的气质。

大家都听说过“别人家的孩子”，有些家长总是把别人家孩子的优点拿来与自己家孩子的缺点比较，孩子的自尊心很受伤害。经常受到打击，会形成不良条件反射，大脑中运行的程序被固定下来，就成了一种固有的思维模式，甚至放弃了进取的努力。所以家长一定要注意自己的言行，保护好孩子的自尊心。有意识地呵护好孩子的自尊感，比让孩子“听话”“懂事”重要得多。

当孩子能量低的时候，更要用力地把孩子捧起来，使劲宠爱她，保护好孩子的自尊心不受伤害，无条件地爱孩子，使她确信父母对他的爱，这样才能使孩子相信自我，有向上成长的力量。

自信的来源

自信的重要性不言而喻。一个自信的孩子爱自己，觉得自己好，脑海呈现的自己形象都是好的，带着这种形象去做事，孩子的心底就一直是明亮的，这就形成了影响他一生的内心底色。乐观阳光的性格，充满自信、积极正面的思维方式，良好的身心能量水平，是孩子一生幸福的保证。将来孩子不论到了什么环境中，在什么岗位上，都能够找到幸福感，其实就是一种正向觉知的能力。当积极的思维成为习惯，这种能力就养成了。

自信本身还是一种巨大的精神力量，使人能够面对困难、克服困难、不断前进。自信的孩子阳光积极，朝气蓬勃，充满活力。自信的孩子能够客观地认识自己的优点和缺点，客观地认识自己的成功与失败。自信的孩子能够主动寻求改变，能够在学习生活中主动寻求反馈、指导、帮助，不断地学习和进步。

培养孩子自信，显然不是简单的一句话。我们这里只从家长这个角度分析一下，找出哪些有利于孩子自信心养成的因素，避免哪些不利因素。也就是说，在孩子自信心的形成中，家长该做什么，不该做什么。

自信是凭借无数个“我能行”的条件反射支撑的一种自我感觉。只有孩子切实体会到自己能够解决问题时，真切的自信才会建立起来，然后才会有能力去争取更高的目标。自我目标感强，才会有持久的动力去努力争取成功。

培养一个充满自信的孩子，你做对了吗？

外部能够给予孩子自信的来源，来自快乐的童年，来自对地域的人杰地灵的信任，来自父母给予的安全感和力量，来自家族的荣光，这份自信就是家庭带来的。不论子女多大年龄、学历多高、身居何地，使之内心幸福安定自信的最深层的影响，都来自家庭。因此，培养孩子自信，对家长而言，最重要的是相信孩子，相信孩子身上具备所有可以独立获得幸福生活的潜能，家长坚定的信任能够给予孩子战胜困难的勇气和对美好未来的希望。

引导孩子建立起合理的自我认知和评价。孩子最初的自我评价来自父母的评价，从与他人的比较中得来的信心是不可靠的。天然的自信心来自父母无条件的爱和接纳。

告诉孩子，你本来就很好，而不是“表现好了才能获得他人的认可和肯定”。别人都喜欢你，不是因为你“表现得好”，而是认为你本来就很好。真正强大、能够取得成功的人士都不会轻易因为别人的评价而改变自我的认知，他们相信自己本来就很好。

自信还是一种积极的心态。承认人生本就不是完美的，但是我们可以选择以积极的心态进入生活。世间本无绝对的对错，生活也不是非白即黑，任何事物都有积极的一面，你也总能够找到它。所以说，能够感知幸福是一种能力，需要有这种意识去修炼它。用积极的心态看待事物，并不是唯心主义地胡思乱想，而是改变看问题的方式，对事情有个积极的看向。凡事往积极方面去想、去理解，做出积极的假设，向积极的方向考虑，说积极的话语。多看多发现多感知，多想多说事物的积极面；孩子本来就很好，咱们就该真心实意地觉得孩子好，看到孩子的优点并巩固它们。

自信首先来自积极的自我认知。孩子在长大的过程中，对于自我认知的建立，首先是通过他人尤其是身边的亲人和老师同学对自己的态度来认识的。心理学家告诉我们，肯定和否定都会使行为得到强化。所以面对孩子，你是鼓励和肯定，还是批评和否定，效果不言而喻。

前不久，在一个轻松愉快的气氛中，我和孩子聊到了自信心建立的话题。我问她，你是一个很自信的孩子，那么你认为这份自信从哪里得来呢？也就是说，有哪些原因使得你变得更自信？在你的记忆和印象中，有哪些时刻让你感受到自信？孩子饶有兴致地回忆起许多自己感受到自信的时刻。

小麦：记得四五岁的时候，当我会在爸爸妈妈的熟人面前，大方地有礼貌地做出自我介绍的时候，我说“叔叔阿姨好，我叫柳小麦”，然后就听到他们的表扬和赞叹说，这孩子真有礼貌，那时候我也看到爸爸妈妈很满意的样子，就觉得很自信。

读小学以后，我小学、初中、高中的班主任都对我很好，让我自我感觉自己是受人喜爱的。我记得自己在读小学时，每学期都要拿到一张“综合素质奖”奖状，现在我知道了，那是除了学习好的同学，还有三好学生以外的鼓励奖，可是爸爸妈妈都告诉我说，那是我全面素质优秀所以得到的奖励。我就真的相信自己是全面优秀的，心里觉得很自豪。在一年级时，放学后大家都在走廊里面等家长来接，我喜欢在走廊头上的一条长凳上边写作业边等爸爸，这样回家就可以不用再写作业了，可是有几次听到来接孩子的叔叔阿姨经过时赞叹地说，看看这个小朋友多么热爱学习呀。天哪，听到别人赞美的感觉真是太开心了，所以我还会继续低头写作业，心里美滋滋的，觉得这就是热爱学习的样子。

有一次，我的数学考了99分，丢的那一分仅仅是由于忘记了在得数后面写上单位。可是老师在罚写三遍试题的同学名单里面念了我的名字和分数，其他的同学都是因为错误太多才罚做三遍。我很难过，但是并没有觉得羞愧，回家后爸爸说，这是老师对我要求的标准比别人高的缘故，那时候我的内心升起的也是一种自信的感觉。

初二时，在政治课上被点名到黑板上默写一个概念，我没写完整，当时阚老师笑着说，这还是我的课代表呢！我的感觉是，自尊心受到了保护，同时意识到了责任，自己是课代表，应该学得更好才对。那次“惩罚”给我留下很深的印象。

在市实验中学，我知道自己刚入学时成绩很靠后，可是，每个学期都在进步，而且进步很大，自己都觉得是个奇迹的同时，内心不断响起的声音是，我必然后来居上，我一定会越来越好。那时同学们都特别喜爱的一位数学老师，对我的影响特别大。她会在课上冷不丁地点到我的名字，我就一直紧紧地跟上老师讲课的节奏，一刻也不走神，所以数学成绩进步非常大，有时甚至用了其他同学都没有运用的解题思路，使我确信自己的能力没有问题，觉得只要努力，哪门课程都能学好。

我很感谢父母给我的信任和机会，假期里面，我可以选择到自己喜欢的地方去旅行，去过很多的城市，到过好几家单位实习，参加比赛和演出活动结交朋友，参观了很多企业和学校，成就了我现在的视野和开放的思维。对待喜欢我的男生，爸妈并没有表现得和同学爸妈那样如临大敌，而是相信我自己的判断和做法，相比其他同学，我觉得我有很开明的爸爸妈妈。事实上，在高中阶段得到异性同学的喜爱，也使我获得了很大的自信，使我觉得自己是独特的有吸引力的。虽然高三时经历了一段感情上的波动影响了学习精力，但是总体上学习成绩稳定上升，自己也学着控制自己的情绪和情感。高考时发挥稳定，都得益于内心的自信和坚定。进入大学后，从第五学期开始门门课程全A，更一次次使自己确信自己是优秀的，所以更愿意不断地努力和进取。

从与孩子的聊天中，感受到孩子丰富而细腻的内心世界，发现孩子自信心养成的背后，有着许多我们所忽视的奥秘。在此梳理一些对我和家长们有启发的有助于孩子自信心养成的言行，沿着这一思路，我们也反思一下那些孩子被家长打击掉的自信，盘点一下那些我们有意无意之中伤害孩子自信心的行为：诸如过高的目标带来的挫败感、批评和责备、与“别人家的孩子”的粗暴比较、不恰当的评论，等等。

在孩子成长的道路上，赞美、肯定、信任、包容、喜爱、经历、视野、自我实现的经历等，都是自信心养成的重要因素。

多赏识、多认可、多信任孩子，可以培养孩子敢想敢做、彪悍的性格气势。看到孩子一有进步和好的行为，立即进行表扬，偶尔做好一次，也要立即指出来，就会强化孩子正确的行为，这就是正面强化。有效的鼓励，不能搞高大全、假大空，而应该是“有血有肉”地表扬。比如说，看到孩子的作业本，你赞扬说，啊，你写得太棒了！从孩子的作业中，你找到了一个工整漂亮的字：“哇，这个字太漂亮了（表扬），透着坚定和刚毅（具体描述），这就是你的书写的发展方向哦（鼓励引导，正向强化）。”

孩子最需要自己通过努力取得成功的效果，感受到自己的能力，而产生一种叫作“自我效能感”的体验。内心对自己有能力完成任务的一种自信，学习自然就有积极性。因此，能够起正面作用的赞扬，是赞扬那些通过他自身努力可以改善或提升的东西，比如孩子做对了的行为，比如孩子的积极进取、坚持、思考、勇气、自律性，等等，“这么难的题目你都没有放弃，我为你的坚持和勇气点赞”，对这些行为和价值予以及时的肯定，就是鼓励。

成长“天花板”还是“地板”

这个世界或明或暗，或高或低，或远或近，孩子们都是站在父母的肩膀上看到的。家长要做“地板”，不做孩子成长的“天花板”。

永远像“地板”一样，做孩子坚定的支持者，在孩子起跳时能予以坚实的支撑和有力的帮助，落地时能稳稳地接住孩子。当孩子遇到挫折，能鼓励他振奋精神、鼓足干劲。孩子年龄小尚未成熟，各方面能力还没有养成，在父母身边，当然需要扶持，理解包容孩子因年龄小而不够强大的状况，同时帮助她成长。直到她自己能够走好，再让她到社会上去历练挫折。在面对困难时，更要让孩子感受到母亲坚定的爱，关心支持和帮助，与孩子共渡难关。家庭就是坚强有力的后援团队，理解，陪伴，倾听，给予爱，给予支持，做孩子坚强的后盾。

为孩子的长远发展加油，将注意力放在长期的过程中，就能看到孩子的每一份努力和每一次的成长和进步，而不是仅仅看到当前的考试成绩，太在意每一次考试的具体结果。当孩子担心自己的成绩时，感到没有信心，说明她对于自己之前的进步承受力不够。你得首先坚信自己是好的，而孩子比自己更优秀！这时，如果家长能够强烈地毫不迟疑地反复地告诉她，没问题，你能行！你只管向前冲，一心放在学习上就行，考试排名是暂时的，不要被吓住，拿出干劲来冲上去！北大俞敏洪在北大四年学习成绩也不突出，但他说，那些优秀的人五年能做到的事，我用十年也能做到。越是遇挫，越是要有霸气！与孩子站在一起，相信她，强化正向引导，对孩子提出明确的要求，严格要求孩子。孩子有了信心，就会从内心升起坚定的力量，也会有更大的承受力。

正确地利用考试过程和结果分析，促进孩子成绩提高，同时带来真正的成长。比如，与孩子一起分析考试成绩不好的原因时，不是自欺欺人，而要客观，“人家付出了那么多，电视都不看，如果他们不获得好的成绩，不是太不公平了吗？我们得愿赌服输啊。”“咱们不能指望一个四年不看电视的人考得很靠后，那不公平。”告诉孩子奋斗者是幸福的，你可以争取做全班最努力的学生，读读名人传记，看看伟人的经历。“我们付出的还是太少，努力得还不够。”客观地分析成败得失，促使孩子从仅仅依靠灵性向刻苦努力转变。

带着这样的“地板”心态，陪孩子共同经历高考，也是我们整个家庭系统提升、共同成长的机会。现在看来，这也是改善家庭和亲子关系以及家教的最佳机会。

不做限制孩子成长高度的“天花板”，不因自己的思维和视野的局限而限制住孩子。记住，妈妈的心有多高，孩子就能飞多高。如果你自己内心不相信孩子的潜力，把孩子看扁了、捂住了，这时你的目标反而成了孩子成长的“天花板”。

小清学习成绩很优秀，可是有一年夏令营，爸爸说应该报一个后进班，就当补补课，认为这样开学后学习跟得上进度，不累。本来她那次破天荒地报了自己喜欢的画画班，但是开班那一天，她还是对老师说，我还是调到“补习班”吧。心里就把自己划到了后进生的行列。信以为真，时间久了，就成了真的。孩子虽然嘴上会反驳家长，但内心总会选择相信父母的判断和评价是正确的。

孩子做事情，如果完成了大部分任务，只剩下一分没做，这时候，你是挑出这一分来进行“指正”还是先肯定完成了的九分，效果当然不同。十分的任务，他做到一分，就该予以肯定，这样的心态才能真正成就孩子。在孩子遇到困难时，我们能够对他克服困难的能力表达信任；在孩子通过努力克服困难、取得进步的行动时，能给予他及时的肯定和赞扬。这些，才是来自家长最有力的鼓励和支持。

有些家长，把“挫折教育”理解偏了，认为是家长创设机会，让孩子经受打击和挫折。恰恰相反，家长需要做的是培养能够应对社会压力的能力，而不是挫折感。树木长大成材需要等待，燕子学飞要待羽翼丰满。真正面对一些外部的困难时，家庭应是共同面对难关的团队。放手也要循序渐进，慢慢放手，该放手时再放手。

孩子做事情，父母在身边横挑鼻子竖挑眼，只看孩子的缺点，是大忌。家长里面太常见的情形是，对同事下属外人朋友都很宽容，唯独对家人和孩子没有耐心，没有包容，不能容忍。以“爱”的名义对孩子的表现各种“不满意”“不放心”，各种的管束、控制，却全然不觉，给孩子带来的是打击，是伤害。

对孩子严格要求无可厚非。但是有些家长，对于孩子的要求过于严苛，标准过高，带着自己未实现的愿望，比如考试要名列前茅、读名校等，这样可能无意之中把孩子当成了家长自我实现的工具。但是，这样的情况下，家长为孩子付出的物质和精力越大，孩子的心理负担也就越大。现在的孩子，得到的关注和物质投入太多，回报心理会使孩子背负着极大的心理压力前行，一旦突破承受的极限，可能会带来不可想象的后果。

只有理想，不务实，则会漂浮，所以，我们还需要现实的目标带来努力的方向、工作的动力和活力。不切实际的高目标，会给孩子带来压力；过低的目标，也会给孩子带来困扰。只有跳一跳能够得着的目标，才让孩子充满希望努力地进取。事实上，不论是在品德方面还是在能力方面，95%以上的人都是普普通通的人，而我们都是那95%以上中的一员。认识到自己是个与其他人一样的普通人，这一点很重要，也是人们走向成熟的表现。认识到自己的品德和能力只是众人中的一员，本身就是很令人感到安慰和放松的事情。这就让人不会总是志在必得，更不必自怨自艾，不会建立起虚假的自信或盲目的自卑，也就能够允许孩子是普通人，摆脱不切实际的目标和期待，实事求是地建立合理的目标。

第五部分

为孩子成长赋能

教育是个体成长成才的外部因素。学校教育、社会环境、同伴教育、家庭教育，都属于对孩子成长成才起到至关重要作用的外部环境。

家庭以及家庭成员的关系、家风、家庭教养方式、家庭教育质量、家庭的氛围等就构成了孩子成长的首要外部环境。对我们家长而言，实施家庭教育的路径，就是要在家庭场所中营造有利于孩子成长的环境。人们能够举出很多例子和科学依据来说明基因等先天因素对于人才成长的决定性作用，而家庭教育所要关注的是，除了基因这一无法改变的因素之外，那些对孩子成长而言，极其重要的家庭环境因素。

能量家庭

家庭成员和家庭是部分和整体的关系，就像树和它的枝叶一样。家庭是一个整体，整体的能量水平决定着每一个成员的个体表现。我们之所以说，孩子出问题，实则家庭出了问题；家庭整体改善了，秩序理顺了，能量正确流动了，问题自然就没有了；看到孩子有问题，家长要改错；家长

能量家庭

改了，孩子马上就改好，都是基于把家庭作为一个整体来看待所得出的结论。做好家长，要有这样的家庭整体观和系统观。

就像万物遵循能量原理一样，家庭也是能量系统。日本纪录影片《人生果实》中说，所有的答案都在大自然中：风吹枯叶落，落叶生肥土，肥土丰香果。孜孜不倦、不紧不慢。缓慢而坚定地生长，这就是大自然的答案。凡事遵循着自然的规律，水往低处流，人往高处走，需要的都是能量。

在家庭系统中，家庭作为一个能量体，表现为家庭的精气神，以及家庭成员的精气神。虽然我们没有方法来定量地衡量，但我们可以真切地感受到自己的能量状态。生活中我们看到有的人似乎永远精力充沛旺盛，工作繁忙却神采奕奕不知疲倦；而有些人则怨气沉沉、暗淡疲惫、胆小退缩、萎靡不振，看起来似乎是命运不好、诸事不顺，其实种种情形都体现着个体的能量水平。能量充足的孩子，朝气蓬勃，如春天里得到充足的阳光雨露的花草树木，生机盎然、元气满满。孩子有了力量，自然就会向上成长。

家庭成员的身心健康，以及家庭的整体生活状态精神面貌等，虽然不容易测量，但是能够清楚地被我们感知到，我们用这些指标来表征家庭能量水平的高低。把家庭看作一个能量体，能帮助我们更容易地理解当前的状态。家庭能量充足，则凡事顺利不难，轻松应对。如果你面对的难事儿多，常常陷于困顿，常常左右为难、患得患失，陷入纠结犹豫的困境，多是能量不足的表现。打个比方，你有举百斤的力气，去举十斤的东西就毫不费力；而要举九十斤，则需要拼尽全力。明白这个道理，我们就知道该果断地放弃那些自己能力所不及的目标，转而把自己眼下有把握的事情做好，并努力进取。缺乏能量的情况下，人们还容易受到疾病的侵袭，或者受到各种心理生理问题的困扰。

不管出身清贫还是富裕，平民还是贵族，每个个体的生命能量最初是本自具足的。在漫长的人生中，这些能量提供人们活动的基础。家庭是个动态成长的能量系统，能量会消耗，会补给；会传递，会消减；会通过食物、呼吸等方式的物质给养，也会通过知识精神食粮的获取、爱和鼓励等方式得到补足提升。在家庭能量系统中，家族的能量可以沿着内在的秩序进行传递、吸收和消耗。个人的行为，往往对其他家庭成员的健康、心情、事业乃至整个人生命运带来极大的影响。一个人的改变会影响家庭其他成员改变，甚至一个关键人物改变，整个家族都能受影响。

良好的家庭关系，气氛和谐，能量充盈。给每一位家庭成员充足的精气神支撑，家庭系统对家庭成员的成长和发展起到滋养作用，增益身心助力事业。家庭的能量正确流动了，家庭成员的身体心情才会都好。每个家庭成员又把更多的能量注入自己的家庭，让积极的正能量在家庭成员之间实现正向流动和循环，整个家庭的能量就得到大大的提升。和谐的家庭中流淌着和谐的能量，孩子自然就会朝着好的方向成长，这就是家庭能量的代际流动和传承。

水有源才能源远流长，树有根才会枝繁叶茂，正所谓源远流长、根深叶茂。人类是高智能生物，更需要从生命的精神层面找到自己的根和源头。种子有了基础和根本，才能够吸收更多养分；每个人都要踏实地扎根在大地上，立足于现实中，从自己的根上获得向上成长的力量；每一个孩子的生命能量都需要来自父母和家族的滋养。

每个生命的最初能量都来源于他的父母。在人的一生中，能量会不断地得以补充和更新，消耗了就需要不断补充。来自父母的真爱才是孩子成长最大的能量来源。我们曾经遇到这样的情形，有的孩子小时候曾在父母面前颐指气使、骄横跋扈，长大后反而成为一个善解人意、宽容豁达的人，很大原因是小时候得到了充足的包容，储蓄了足够的能量，也培养了领导能力——能够向别人提出要求的能力。

对我们的启示是，提升人生品质的关键，在于提升和改善对于家庭的认知。我们应该运用好生命赋予我们的能量，消除负能量，传递正能量，让家庭充满爱和温暖，成为每一名家庭成员的重要能量补给站。

现在有一个词叫“赋能”，在家庭中，必然也能够找到一种赋能的方式，使生命能量得以保持和充盈。当我们明白了能量的源泉，以及能量如何被消耗、如何得到补充，分清了那些行为和话语可以给孩子补充能量，哪些消耗能量，自然也就能知道自己该做什么、说什么，不该做什么、说什么。

由此我们可以假设，将家族能量代代传承的可循路径是，建立与家族的联结。所以，我们要常提家族奋斗史。父辈的优秀品质、付出和拼搏的奋斗历史，是后代进取的强大基础。一个家族会拥有家族的荣耀并珍视它，比如第几代曾经出过高层人才，都会成为整个家族的骄傲，它会激励后代的达到和超越。家族的荣耀会重复呈现，所以“曾经辉煌”就应该成为我们信心的来源。让孩子学习父辈身上的优秀品质，崇拜、模仿与超越父辈，学习时拿出父辈祖辈的劲头儿来，发挥毅力潜力。“如果我们把爷爷十分之一的力气用到工作和学习中去，也会非常优秀”。想想看，祖辈们的成就是在以前的物质条件下取得的，在新的时代条件下，我们只要付出1/10于父辈的努力，就能做出比他们伟大的成就。因此，家长们有机会要反复提、经常提家族的奋斗史，并且告诉孩子，你本来就很优秀，你的父母很优秀，父母的父母也很优秀，是父母给了自己优秀的品质。这样在思维中建立起了与父母家族的联结，就像内心有了根。这样的思维就是积极的条件反射，成为自信心的坚实来源，能成为给予孩子的一笔精神财富。

当别人赞美你的优点，批评你的缺点，你能够想到，这是来自父母身上的品质，是父母培养的。基于此，你就能够很容易地接受自己现在的样子，不再纠结于他人评价，心理的恐慌、强迫思维、纠结和自责都会得到缓解。我们往往容易把自己现在所拥有的都想成是自己努力的结果，自以为是、居功自傲，喜欢听到别人的赞美，害怕听到批评和不同的意见，其实这样的自信是无根的，是盲目的个人英雄主义。

家庭秩序和家长位置

秩序是一个社会健康发展必不可缺的要素。西方宗教的合理性与我国孝道的合理性应该是相通的，这种合理性都指向社会秩序安排。我国古代儒学讲“君君臣臣父父子子”，就是一种规范人们行为的秩序安排。即便是在强调个体自由的西方国家，自由也是建立在服从上帝，以及严格的制度基础上的。

家庭作为社会的最基本单元，家庭秩序隐含着社会的秩序要求。从大处讲，每个家庭的秩序是顺的，整个社会的秩序才能顺。古时以孝道治天下有其深厚的文化基础。从社会的发展来看，不论东西方，秩序是社会健康发展必不可缺的要素，也是个人成长的必要环境。

我国古代“天、地、君、亲、师”（发端于《国语》，形成于《荀子》）作为一种伦理要求，其合理性也是指向社会秩序安排。在我国，儒家文化特别强调“孝”的伦理道德意义，“老吾老以及人之老，幼吾幼以及人之幼”（《孟子·梁惠王上》），学生在家不尊敬父母，在学校没有学会尊敬老师，叛逆不羁，在社会上就不会尊敬他人；学生在家尊敬父母长辈，在校尊重教师，是非常自然的事情。

中西方家庭制度有所不同。从定义上看，在我国，家庭是“以婚姻和血缘关系为基础的一种社会生活组织形式”，所谓家庭，是指夫妻间或夫妻和子女间的共同体。西方社会学中定义，家庭是夫妻间持久的结合，它有延续家族、组织经济活动和日常生活，使其社会成员社会化等多种社会功能。从传统的一般意义上来讲，西方的家庭以夫妇关系为轴心的小家庭制，中国的家庭是以父子关系为轴心的家族制。

没有秩序的社会是不可想象的。文化路径不同，取道不同，却都有各自的秩序。有秩序，意味着有先后、有高下、有权威、有遵从。没有规矩，无以成方圆。秩序是规矩的基础。事实上人人都需要秩序感，秩序理顺了，遵从就成为一种力量。在家里遵从父母的教导，在社会上和集体中遵从上级领导的指挥，有组织有纪律，是让人内心力量充盈的体验。而当孩子处于反抗父母的情绪状态中，必然会消耗很大的能量，带来很多性格、脾气、情感情绪上面的问题。

西方文化中找不到“孝道”，人们思想意识层面的一致性和社会秩序往往需要借助宗教信仰和法律。因此，在西方文化中，宗教和法治在维持社会秩序上起到不可或缺的作用，个体的自由平等也是建立在个体服从上帝的基础上实现的。

古代中国，孝道是社会共同的价值取向，也是社会基本运行秩序的基础。个体从家族中获得最大的恩泽与保护，传承家风、奋斗进取、光宗耀祖，都是家族成员个体奋斗进取的深层动力，是个体价值的最集中体现。时代发展到今天，虽然社会结构和家庭形式都发生了很大变化，但家庭内在的秩序和发展的动力逻辑还在。

前面说到，家族能量的传递遵循家族的秩序。在家庭中秩序顺了，正能量就顺利地传递。每一对关系都有先后，都有高低上下，秩序就是角色匹配。每个人都把自己放在合适的位置上，就形成了稳定的秩序。家庭秩序顺的体现是：从纵向上看，家族有光辉的历史、奋进的现在、美好的未来；父母优秀，孩子自然优秀，优良家风能传承；从横向上看，夫妻关系和谐美满，亲子关系秩序顺畅。

根据社会学理论，儿童对最初权威的正确遵从，会影响他们长大后对社会上一切权威的遵从或反抗。有一本书叫《心智力》，告诉我们，所有的社会关系都反映着自己内心和父母深层的关系。每个人内心处理好自己与父母的关系，就能处理好与外部社会的各种关系，包括对他人的尊敬、平等、友善、爱等，都是与父母关系的映射。学会如何在父母面前做好孩子，在公婆面前做好儿媳，到了社会上也自然就会与领导和他人更好地相处，获得更好的人际关系。

父母不站在父母的位置上思考和行动，孩子不在孩子位置上，体现的就是一种家庭角色和位置的失序。家长对孩子的事情，或放任不管、或过度干预、过度控制，归根到底都是家庭秩序失序，带来一系列的教育问题，也是出现“妈宝男”“啃老族”等问题背后的原因。

有时你们俩一起面对孩子的缺点，想要指正孩子，孩子说“你们俩大人这样对我，太不公平啦”，看起来可怜巴巴的，希望从父母中拉拢一个到自己的战线中来，这样就“二比一”获胜了。这个时候要小心，你心一软若被“拉拢收编”，结局就更不好收拾了，因为实质上是你把自己和孩子的地位齐平了。所以说，如果家里面要有个“统一战线”的话，应该是父母在同一条战线上共同面对孩子。而不是为了讨好孩子，站到孩子一边去“抗争”。在这种时候夫妻一致，一起站到子女父母的位置上，才能教育好孩子。爸妈心里清楚地了解好歹分寸，心下保持一致，面对孩子一个唱红脸一个唱白脸，就顺过去了。事实上，孩子更愿意看到思想一致的父母。

要清醒地知道你的角色是家长，而不是孩子的兄弟姊妹或者同辈朋友。

孩子做错了事，看到爸爸妈妈两人的观点都不一致的时候，孩子的思想观念也是混乱的，不知该遵从谁的意见，听不进家长的话。看到互相指责的爸爸妈妈，你指责他的缺点，他反对你的观点，你嫌他不干家务活，他怪你管得太宽，孩子感受到的必然是双重的压力，可以想象孩子的心情多么糟糕。

不论在何时何地说话做事，都要时时度量自己是否站在合适的位置上。所谓位置合适，就是高低上下先后有序。在其位谋其政，不在其位不谋其政。当家长就要站到家长的位置上，做家长应该做的事，说家长应该说的话。把自己当家长，把孩子当孩子对待。

凡事都有其主要方面和次要方面。分不清主次，等级秩序不明确，容易带来混乱。生活中，把所有事情都定位出主次关系、高低上下和先后顺序，会使事情变得容易些。把所有矛盾关系都分出领导和被领导的关系，就为我们理解问题和解决问题提供了一个简便的工具。按照这样的思维，我们来看一下，在家庭中家长和子女的关系，夫妻之间的关系，同事之间的关系，都可以用领导和被领导的关系来理顺。这种关系的确立，并不是说要被领导者对领导者的服从，而是你在做事说话时，有一个正确的站位。打个比方，在家里，孩子相对于家长，就像下属相对于领导。在父母面前，你是子女，父母就是领导。服从领导（你的父母），就容易管好下属（你的子女）。在单位上对领导，在学校里对老师，就像在家里子女对父母尊敬遵从，道理都是相通的。你把自己的位置摆对了，就把自己摆到了安全的位置上，事情也就做对了。把“度位”作为为人处世的一条原则，听起来觉得没什么高深的，但是做起来很难。时时以此对照检省，调整自己的心态和做法，工作生活也会深深受益。

爱是教育的本质

爱是教育的本质。在教育中，爱扮演着至关重要的角色。（〔美〕菲利普·W.杰克森《什么是教育》P151）中说过：“每一次，当我们将自己的思维转向纯粹和简单的教育时，就会变成这样。”杰克森对教育给出了这样的定义：“教育是一种促进文化传播的社会活动，其明确的目标是让受教育者的性格和精神福祉（人格）产生持久的好转变化。而且，间接地，让更广泛的社会环境发生好的变化，最终延伸至整个世界。”因此，教育就是理性地向善地引发更美好的人格和人性，使这个世界变得更美好。

对于家庭教育而言，爱，更是至为核心的本质所在。不管你有什么样的教育理想、设定什么样的目标，选取什么样的方法，只有出于真正的爱，才会引向正确的结果。家庭教育之爱体现到行动上，宽与严、管教与放手、陪伴与分离、引领与引发、松与紧，都没有严格的对错之分，而是一门以爱为准则的均衡的艺术。

爱是孩子生长、成长的能量源泉。父母用爱灌溉孩子的心田，就是给孩子储存足够的生命能量。有温暖和爱的孩子，内心会安定而强大，在她人生的每一个时刻，或为成长奋斗，或及时抓住机会，或抵御诱惑，或克服困境，都有充沛的能量可以提取。我们看到，那些开朗热情阳光向上、自信自律、专注坚定的孩子都是得到足够的爱的孩子。他们自己也会像小太阳一样，把温暖带给他人。缺乏父母之爱的孩子，身心能量水平低，往往容易产生各种问题。孩子不理解父母、不关心他人，性格会倔强，都是因为她还没有从父母这里获得充足的爱和能量。

改善孩子身上多数问题的途径，就是给予孩子充足的爱。爱是实实在在的关心、陪伴与呵护，爱是倾听与关注，爱是对孩子的理解、尊重和接纳，是对孩子的包容、支持和信任。孩子沐浴在真正的家庭之爱中，就有能量将心力聚焦到成长上，自然会越来越优秀，他们的学习和行为表现就都步入正轨，程序开始良好的运行，孩子身上的很多问题、不好的习惯也会慢慢消失。

爱孩子，还要理解孩子对父母的爱。孩子们的感情细腻而丰富，也渴望着给予爱和回馈爱。父母能理解和即时地体会到孩子的爱，对孩子而言是一种心满意足的幸福感。以前我总认为自己给予孩子最深厚的爱，但越来越深深体会到，孩子比父母爱自己更爱父母。从孩子懂事起，每一个我的生日和每一个节日，包括母亲节、三八节、情人节，小麦都会记得给我送上祝福和礼物，还提醒她爸送我礼物。知道我的颈椎不舒服，晚上和我一起睡觉时就会把她小手掌心伸到我的脖子下面，把我的脖子捂得热乎乎的。有一次，我从小麦的《阅读与表达》本子里面看到一段话，写道“妈妈的爱有一种淡淡的果香”，只是因为每天晚自习回到家后，看到桌上有一碟妈妈为她准备的水果。仔细想想，我们只知道自己是全身心地爱着孩子，却往往忽视了孩子对父母的爱。孩子内心对父母的爱是深厚的永远不变的。

最好的家庭是孩子们幸福的住所。现代家长们和孩子在一起的时间少，就更要与孩子高质量地在一起。陪孩子共同面对生活中的苦乐，一起欢笑，一起流泪，陪孩子一起成长。在面对困难时，给予最坚定的信任、支持和鼓励。在孩子心目中，父母永远像一座山一样支持着自己的成长。可以说孩子的灵魂在父母身上。所以父母给予孩子的爱，是站在父母位置上的一种包容、一种立意高远的、带给孩子最大安全感的强势的爱，强大的、有力量的爱，而不是软弱的、取悦于她的爱。有了这份爱，心里就会觉得有机会为亲爱的人付出是自己的幸福，言行中自然也就表达出这样的爱意。

为孩子提供爱、尊重、支持和滋养，是父母重要的责任。

尊重和接纳

尊重是亲子关系中的重要原则。

孩子是经由父母来到这个世界上的独立的生命个体，走向成熟和独立，就是成为他自己的过程。父母对于子女的影响再重要，也是孩子成长外因的一部分，家庭教育也只能在一定范围内的发挥影响。最终的成长动力要来自他自己，依靠孩子自我的建立及独立的发展。所以，最好的家庭

尊重和接纳

教育是引导和发现，是激发孩子的自我潜能，是使孩子成长为一个自信、自律、自主，独立幸福成长的人。

尊重孩子的人格，对家长而言意味着，从一开始就放下我们脑海中对孩子未来的设想，不要先入为主地想要让他们成为我们想要他成为的人，而是使他们在任何时候都能够做自己。要知道，孩子本来就不应是为了满足家长的期待而存在的。放下对孩子未来的预设和期待，尊重孩子的理想，允许孩子自己做出选择和决定。

孩子成长过程中每一个阶段都有每一个阶段的特点，在不同阶段的发展循着他自己的自然的节奏，并不必然与他人步调一致。单就多个同龄孩子某方面的发展而言，可能有早有晚，有快有慢，有高低上下，品德性情是如此，学识、技能、能力、智慧更是如此。孩子的世界观、价值观、人生观，都在逐渐形成过程中，随着年龄长大，也在不断变化发展之中。面对孩子，父母正确的心态是，立足当下，随时做出适合孩子当下的调整，让教育的每时每刻都变得有意义。

世上没有两个完全相同的家庭，也没有完全相同的孩子。每一个孩子都是一个独特的生命个体。每个孩子的成长环境不一样，资质也不一样。每个孩子都有自己的个性特点，都有追求优秀的内心，有自己的尊严感，能够独立思考。孩子作为一个生命个体，天然具有自我成就的动力，会在成长过程中逐步形成自己的目标和喜好，乃至命运。

家长要尊重自己孩子的独立人格，像要求别人尊重自己一样地尊重孩子。父母要带着对孩子充足的尊重和接纳，与孩子共享成长中的喜悦，共同面对成长中的烦恼和困难，这才是高质量地陪伴。有了这个前提，我们再去做事情，就避免了很多的替代、控制等令孩子反感的做法，才有可能建立起良好的亲子关系。

带着尊重和信任孩子的心，你每一次给孩子的建议就变成诚恳的商量和讨论。与孩子商讨你的建议，让他自己做出最终的决定。最能够达成一致或取得有效的交流成果，也最能赢得孩子对你的尊重和信任。只有这样，亲子关系中最重要的一环，父母和孩子之间的信任关系才能真正建立起来。

好多家长认为孩子是要“哄”的，费尽心思和孩子“斗智斗勇”，常常把教育降低到技巧的层次上来，面对孩子缺乏真诚。然而这样做的结果并不会像你想的那样奏效，归根结底，最好的原则仍然是真诚客观。

比如，听到孩子说这次考得不好，心里一顿嘴上却说，成绩不错、进步很大，父母以为这样说就保护了孩子的自信。当孩子取得很理想的成绩时，明明心里很高兴，却在脸上摆出若无其事的样子，说，很正常，你还可以更好（内心以为：我这样说，孩子就可以不骄傲，而且感到我们对她很信任，她就更有信心了）。然而，你一定要知道，孩子总能从你的即时反应中敏感地捕捉到你内心的信息。

对孩子的压力、苦恼、焦虑没有感同身受，面对孩子取得的进步，鼓励的话没说，反而故作深沉地说自己还有更高的期望，她还能够有更大的进步空间，这些行为背后的逻辑是，取得成绩是件轻而易举的事儿，实质上是对孩子努力付出的忽视。

晚上小麦回来报告了这次考试的成绩，进步了几百名！进步那么大，大家都很高兴。本应该高兴地庆祝，可是，我没有表达出自己的满意，反而很随意地说，下次考试咱们考得更好，再前进一百名！这句话引爆了她的痛苦，愤然痛陈我的种种不可理喻：“凭什么你的孩子就必须‘卓越’？别人浴血奋战，你站在旁边不痛不痒设立新目标，然后坐在这里喊号子，你喊冲啊，她就得冲上去，单枪匹马，杀了十个鬼子，回来你还不满意，接着要求再去杀一百个鬼子？凭什么你的孩子就必须‘更卓越’？凭什么她就应该比别人高？智商比别人高吗？学习时间比别人多吗？别人没有在努力吗？市实验的孩子都停在那儿不动等你去超越？你说考多少就能实现了？你在那儿仰望星空，让我在这里脚踏实地？你仰望的星空倒是高，你自己也脚踏实地地去试试，你能行吗？取得成绩就是站在你肩膀上的缘故？站在你的肩膀上就得优秀吗？你的肩膀就比别人的高吗？你连自己的孩子都不会教育，还去教育别人的孩子，不是误人子弟吗？”

我知道错了。没有用心去体会她的压力、苦恼、焦虑。整整一个学期，孩子那么努力，多让人心疼啊，可我一句话体谅的话都没说，反而故作深沉地说自己还有更高的期望，她还能够有更大的进步空间，谁能接受啊！

孩子真诚认真地对待我的每一句话，而我却把教育降低到技巧的层次上，不用心、不真实、不坦诚，自以为是、自欺欺人，这都是我的做法。我还顽固地以为自己用心良苦，完全是为了孩子！孩子的感受真实地表达在我面前，然后又觉得“良苦用心”不被孩子理解，还没倾听一下孩子的心声，就急于反复解释、自我开脱，孩子如何不反感？

孩子的观点、选择、决定、情绪和感受，父母应第一时间予以理解和接纳。被理解和接纳的情绪才能得到疏解，然后交流才有进行下去的可能。

每个孩子的成长节奏是独特的，每个孩子有自己独特的成长道路。家长需要更有智慧地处理孩子的独特性和成长的阶段性差异问题。爱和关注都要公平地、充足地给予，满足每一个孩子在成长阶段中的独特需求。

孔子的教育思想中，强调对孩子要因材施教，就是根据每个人不同的特点和特长，分别用不同的方法进行教育。如子路个性刚烈急躁，孔子则引导他三思而后行；弟子冉有性格稳重，遇事踌躇，孔子就鼓励他雷厉风行。他注重因材施教，他的弟子颜渊、仲弓等成为德行高尚的人；宰我、子贡成为外交辩才；冉有、子路是政事方面的干才；子游、子夏则成为文采斐然的饱学之士。

来自美国的加德纳多元智能理论认为，他在《心智的架构》这本书里提出，人类的智能至少可以分成八个范畴：语言、逻辑、空间、肢体运作、音乐、人际、内省、自然探索、生存智慧（加德纳后来补充）。他认为，作为生命个体，每个人都具备这八种智能，但每个人八种智能发展的程度各有不同，有优势劣势之分。如果给予适当地鼓励、激发，提供丰富的环境与指导，实际上每个人都有可能将任何一种智能发展到令人满意的水平。

人类身上所有可能的优秀品质，孩子本性中都有，需要不断成长和显现出来，需要我们努力去发现、去实现。每个孩子都是不同的，找到打开孩子心门的钥匙，需要我们去用心聆听、理解、接纳和悦纳。了解和研究自己的孩子，包括观察和接纳孩子的记忆风格、能力差异、兴趣和优势所在，遵循孩子的成长节奏和心理状态，引导他发现自我，建立其自己的优势，突破自我、成就自我。只要用心，我们就可以观察和找出孩子喜欢的事情、活动、电影和书籍，这些就是与孩子交流最好的共同话题。

对于一个母亲而言，不管孩子有什么样的个性特质，他都是你的孩子。自己的孩子怎么看怎么好，不挑孩子缺点，只看优点。每当我们看到孩子的时候都会满心欢喜，把他们身上的每一种特质都会看成好的，相信孩子会越来越好，永远以爱和包容的心，给孩子春风化雨、水到渠成的熏陶和引导。这样，我们说的话都会给孩子增添勇气和信心。有这样的父母，对孩子来讲是幸运的，他们在生活中遇到打击和面对困难时，会表现出足够的力量。

信任与包容

来自父母亲的积极的肯定和坚定的支持，在孩子心底产生巨大的能量。无论遇到何种人生际遇，父母的信任和支持能够为孩子提供最坚定的支撑。因此，母亲的心里要充满阳光，给孩子灌输积极的东西。

妈妈的心有多高，孩子就能飞多高。人的潜力是无穷的。信任的高度就是孩子成长天花板的高度。你的内心要坚信孩子是独特的、优秀的、不平庸的，对孩子的未来充满信心，把孩子当作不平庸的人来培养，才可能培养出优秀的人才。在学习生活中，家长一点点慢慢渗透给孩子“你能够做到，你本来就很优秀”的意识，孩子的自我价值感就逐步得到培育。

给孩子温暖感性的爱和无条件地接纳，使孩子内心清楚地知道，不管发生什么，爸爸妈妈都会和自己站在一起，孩子有充足的安全感。

家长从内心就应坚定地相信孩子是优秀的，长江后浪推前浪，一代更比一代强，在品德修养、学识能力、适应社会等所有方面必然超过我们自己。因此，我们要充分信任孩子，尊重孩子的选择和决定。“青出于蓝而胜于蓝，父母能够做到的，你一定能够做到，一定能超越。”这一信念给予我们自己信心，更给予孩子极大的成长动力。生活中我们不断地给孩子输入“你能行，你很棒！”的信息，孩子在各种情形下首先想到的是“自己能行”，就有信心和力量去处理自己的困境，遇到难题也能够做到临危不乱，沉着稳定地理性分析。生活、学习、考试，都是同样的心理过程。

大学毕业后工作进修，我的父母除了尽力地在生活上给予我帮助以外，最重要的是，他们从来都坚定地认为我比他们强，相信我能够达到我想要达到的高度。在内心的底层，一直都有父母的这份信任在，这样的信任支持着我强大的自信，在每一个人生的关键时刻，都能够对自己说“我能行”，然后勇敢地去闯过一个个难关。

培养孩子不畏惧、敢于尝试、敢闯敢干的勇气和品格，很重要的是来自家长的坚定的信任和支持。孩子对自己未来的目标设定很低，很多时候是因为你自己还没有真心实意地相信她。你由衷、真诚的赞美和鼓励，能让孩子产生自我认同。“你是独一无二的，做好你自己！”当你开始发现孩子的进步并由衷地佩服孩子，“你这么努力，一定会有新的更大的进步”，你有信心，孩子就有信心。坚定地信任和欣赏孩子，“我支持你”，孩子就会说“看我的”，她就能够充满信心地奋力达到更高处，责任感和信心就会同时建立起来。

父母给孩子植入的信念就像一粒种子，在孩子心中生根发芽长大。埋下真善美的种子，就会结出真善美的果实。想要让孩子向着自己所希望的方向发展，那你需要做的是，对孩子做出好的假定，接着你就会更善于发现孩子的优点，并做出及时的积极的反馈，孩子的这些优点便会得到相应的强化。

积极心理学是科学，并不是“唯心主义”。“心想事成”，有其科学性蕴含在里面。心理科学已经证明，积极的心理暗示有强大的力量。积极心理的核心就是建立积极心态，也就是现在人们常说的“正念”。心有正念，事情就会朝着你所希望的方向发展，这就是正念的力量。

你希望她是什么样子，你就要认为她是什么样子，并且用这样的方式对待她。想到孩子，脑海里立即出现的是孩子美好的形象，比如观想她努力学习的样子。对他人、对领导、对下属也是如此，做好的假定，用一些积极的形象来定义自己的身边人，比如体贴、大度、伟岸、勤奋、善解人意等形象，然后你就真的能从他们身上找到这些美德的影子。如果你能够观想自己就像自己所希望成为的某位贤达人士的样子，那么生活中就很自然地模仿偶像的样子去做事。这种效应是真实存在的，也是心理科学验证了的。

高中生活作息节奏十分紧张，孩子很少有时间和我们一起交流。但是有一个共同的时间，就是晚自习后睡前的时间。晚上睡觉前，孩子一天的任务已经圆满完成，没有其他信息干扰，带着一天的充实感和成就感，带着满足的轻松入睡，容易将积极情绪沉淀下来。孙老师教给我们一个保留节目，就是每天晚上睡觉前，与孩子一起畅想美好的明天。

在压力很大的高中学习生活中，保持了这个小习惯，确实起到了很好的效果。小麦原来不太喜欢英语课，现在上课效率很高，而且自己整理了漂亮的笔记。所有科目的老师，她都喜欢。学习态度变得主动积极，而且一整天精神抖擞。她说自己打算正式启动学霸模式，要超前一步，领先一路。她说自己要现在打好基础，到高三时轻松点，还笑着说后悔自己在上学期没好好努力学习。

每天晚上睡前，通过深呼吸放松心情，把自己希望出现的情形都在脑海中憧憬一遍，憧憬的情景要具体清晰可见，把细节加进去，描述出来：比如“从早上快乐地醒来，从洗漱吃饭到出门进电梯到走进学校，同学们热情高兴地与自己打招呼，课堂上老师对自己报以欣赏的目光，考场里奋笔疾书，噌噌地答题，偶尔遇到难题，也可以略加思索，最终解答出来”，等等。

妈妈可以引导这一过程，问她有什么愿望，给予她积极的暗示，“我脑海中已经看到了你的快乐，鼻子如何眼睛如何”，问“你看到了吗？”孩子心中形成实现愿望的情景以及清晰的感受，带着对明天的憧憬进入梦乡。

脑海中呈现的图像，就是能够运行的程序，形象越清晰越容易导向实现。第二天，前一天晚上“憧憬”的程序就会运行，有助于营造良好的心理状态。每天早晨起床，都对新的一天满怀希望。早上上学前，很自然地先描述一番到校后的情形：人人都很友好，作业都完成得令人满意，学习很投入，效率高，幸运的女孩受到大家的喜爱……这也是一种形式的冥想。冥想就是通过想象图形化，把陈述性知识转化为程序性知识的途径。

从居所到爱的场域

家庭教育实施的途径，更多的是为孩子成长营造一个好的教育环境。当我们把视角深入到一个具体的家庭中去，除了室内空间、摆设、物品等营造出来的物质环境，深刻影响孩子情绪、状态乃至身心健康的，还有一种重要的环境，就是家庭气氛。

家庭气氛是人们生存的重要的能量场。在这个场域里面，每个成员的价值观念、情感、情绪、心理乃至身体健康都受到这个场的影响。在家庭空间里面，弥漫着的气氛影响着每个人。气氛有时不可言说，却使在场的人切身感受。比方说因为一点儿小事，夫妻之间争吵起来，气氛就忽然就变得让人难以忍受。吵着吵着，两个人的争吵又变成三个人的战争，鸡飞狗跳的日子谁家没有遇到过呢？可是如果人们长久地处于某种气氛之中，可能已经习惯性地忽略了它，可是气氛对身心的影响却一刻也没有停止过。这就是为什么长期积压怨气怒气的人会生病却找不到原因，因为气氛发挥作用是隐形的。

在家庭中，不管人们在做什么、说什么，表面上看起来是什么样子，空气中弥漫着的气氛，是紧张压抑的还是轻松愉快的，是冷漠的还是温暖和谐的，是怨恨恼怒的还是感激的，是漠不关心的还是关切鼓励的，总会被孩子清清楚楚地感知到。有一个词叫“临在”，就是父母对孩子而言，意味着什么。如果孩子在你身边感受到安心和支持，或是焦虑和压力，这就是父母作为一种什么样的“临在”。父母提供给孩子的，应该是温暖、支持、安心和力量的临在。

和谐的家庭关系，和睦美满的家庭氛围，为孩子教育提供最好最重要的环境和土壤。生活在积极向上的家庭氛围中，孩子自然会追求上进；充满欢笑亲密和谐的家庭，充满轻松愉快的气息，常有欢声笑语的居所，自然会培养出有幸福气质的孩子。

工作中需要的思维是竞争性、挑战性的，但在家庭中需要放松的、祥和温馨的氛围。由于角色行为习惯，人们往往很容易把工作中的思维和情绪带到家里来。人到中年，生活中总会遇到各种各样的境遇，诸如岗位调整、职称评定、生意成败、人际问题等，难免有波折失意不如意。遇到这些问题时，家长的心如果是慌乱的，不是关注如何解决，而是发牢骚抱怨，这时就将自身的负面能量传递给了孩子。如果带着工作中的挫败感、担心、焦虑、压力等负面能量，疲惫不堪地黑着脸回家，破坏了家庭本来应有的轻松气氛。职场中人尤其要注意这一点，避免把在工作场所中形成的情绪带到家庭中去。回到家里，就要把父母角色从社会角色中分离出来，把社会角色切换到家庭成员角色上来，好好做父母，使家庭真正成为一个自在舒适、平静祥和、令人喜悦和满足的场所。

内尔·诺丁斯在《幸福与教育》中这样描述家庭带给我们的心理感受："热爱住所和自然。找一个巢穴，向往一个巢穴，会把我们带回到童年那个最安全的地方去。屋外狂风大作，坐在火前，我感到的幸福完全是一种动物式的。老鼠在洞中，野兔在坑穴，奶牛在马厮，他们和我一样感到相同的满足。"

人到中年，对家的依恋感受也越来越强烈。在外地工作，最大的遗憾就是不能常回家与父母家人团聚。回到老家，安下心来，体会在父母身边做子女的滋味，心情就平静下来。每次回老家，亲人们在一起团聚，共享无限亲情，收获满满的正能量。高中生小麦同学说，姥姥姥爷姨姨父舅舅舅妈爸妈哥哥妹妹都是小麦的后援团好助手，全家人建了个微信家庭群，取名为"小小麦全球粉丝后援团"（小麦读大学后，群名就改为为妹妹小盐的粉丝后援团了）。

小麦姥爷和姥姥在家收拾着菜园子，还自己动手给孩子们在院子里搭起了一个简易而又结实的秋千；姊妹们每个周末回家都拿上一堆菜园里的菜回城；姥爷带着孩子们去看东屋里的燕儿窝，给他们讲燕子领飞和小燕反哺的事儿，祖孙其乐融融。

父亲爱看天气预报和新闻，见了面就和我们聊聊时事。有时我在电话里发发牢骚、抱怨忙碌、抱怨不公，爹就告诉我说，对政策和制度要从心里恭敬，对党和国家社会要心存感恩；在工作上要多为他人着想，做人做事不要有太多私字儿。每次给家里打电话，一如既往地告诉我家里一切都很好，爹娘身体都很好。最后还不忘多叮嘱我几句，家里什么也不缺，千万别乱买东西，照顾好小麦，好好孝敬公婆，要感谢家里大伯哥嫂照顾老人，还有在单位上好好与领导同事们相处，等等。还嘱咐我忙就行，不用急着回家。

家庭生活需要有家的温度。家人在一起，回到家庭生活的当下，相互陪伴，一起用餐，一起做些家务。爱滋养每个人的内在心灵，家庭成员中的每个人都需要从家庭中获得爱。所以我们要更多地与家人相互陪伴，面对面地交流，表达赞美和表达感谢。感知到爱人，感知到家人，感知到彼此的尊重支持、关心爱护、体贴温暖，家就是亲密关系开始的地方，就是每个人的幸福港湾。

平和安详的母亲，坚毅深沉的父亲，温暖祥和的家庭氛围，这样的家庭就给孩子创造出了最厚实的安全感和幸福感。

这样的家庭氛围本身就是寓教于乐、寓教于美、润物无声的教育生活。每天我们和孩子在一起的时间里，一起吃饭、睡觉、洗漱、家务、旅行、学习、游戏、阅读、看电视、聊天，每一个共同的活动时间，每一个生活的场景，即是亲子时间。如果你有意识地做好家长，那么，生活的每一个时刻都蕴含着教育的时机。

家长权威：管教的底气

真正有力量的父母是能够有效地管教和引领孩子成长的。对那些做父母应该管的、必须管的，就要一以贯之地坚持管好、沟通好、监督好、反馈好，把好的规矩和行动执行好、坚持好。

孩子信赖你，愿意听从你的建议，严格地要求孩子才能奏效。这里面有个问题就是，家长是否有能力建立起家长权威，并且有能力做出合适的引导。有权威的父母对孩子提出要求时，态度坚定、语气温和，坚定地、稳定地要求孩子提高目标和干劲儿，刻苦奋斗、努力进取，站到最高处，这就是“温和的坚定”。

能够做到“温和而又坚定”，其实，背后的支撑还是家长有合适的位置感。

为了亲子关系而“讨好”孩子，或者怒气冲冲地对孩子发脾气，都是家长没摆正位置，把自己放在和孩子齐平的位置上了。带来的直接后果，是孩子成长道路上缺乏强有力的引领，在前进中能量不足。

所以父母管教孩子，首先把自己作为家长角色权威树立起来，位置关系摆正确。家长位置摆正了，才能形成这种“居高临下”的位置感。在这里，家长站得高、看得远，有格局、有胸怀的管教，能把孩子看成孩子，可以接纳包容呵护孩子。在这里，家长大事上讲原则，小事上不计较，看待孩子的优缺点时，就有足够的包容心，不对孩子做急功近利的苛求。在这里，家长能自然地承担起做父母的责任，审慎地考虑自己当下对待孩子的方式会带来什么样的影响，孩子未来的生活会面临什么，才能真正做到为之计深远。在这里，家长才能够真正建立起家长权威，以身作则，做出好的示范和表率，并且能够高标准地严格要求孩子，也不屈意讨好孩子。这样，就把家庭的灵魂树立起来了，孩子心灵上就有了真正的靠山。这样的严格管教，能够给孩子补充能量，这才是我们说的严格管教。

能够顺畅地通过与孩子进行有效的沟通，促使孩子价值观的形成和塑造，这是权威型父母的做法，也是比较理想的家庭教养方式，它的前提是父母在孩子这里形成了权威。我们这里所说的家长权威是指，家长能够对未成年子女实施正面的管教，长幼有序，有规矩有秩序，有引领、有鼓励，能支持、能指正，做好孩子心灵的坚实后盾。

家长就是家中之“长”，相对于子女，做家长的是家庭的领导者。孩子能接受管束和教养，内心安定平稳，带着恭顺和尊敬听从家长的教导。从教养方式的成果、教育的回报、孩子和父母的关系，以及孩子的心理健康程度等方面的效果看，基于比较而言，我们更倾向于权威型父母的做法。

然而，人们都说现在的家长没有了权威，看到孩子有问题“不敢管”。

那么，家长的权威究竟是什么，是如何失落的，又该如何重建呢?

对于子女而言，家长是能量提供者和安全守护者，天然地具有家长权威。权威有几个来源：身份、知识、行为。孩子小时候听家长的，是因为父母懂得多、能保护指引他。也就是说，你的认知水平能够对他的人生进行有效指导，便具有权威。随着年龄的增长，孩子对父母权威的遵从逐步下降，也是正常的。

信息时代，孩子们获取信息的渠道多元，知识老化速度加速，也从专业层面减弱了家长的权威。以往的家长可以居高临下，现在时代不同了，孩子们接受的信息量比我们更大，减弱了长辈在知识上的权威。同时，现代交流手段在带来高效和便利的同时，也冲淡了家长与子女之间的亲密接触。较之以往，家长和孩子更难以互相理解和沟通。

在孩子心中建立起权威的家长，能够恰到好处地运用各种时机，给孩子以正面的引导和教育，引导孩子明确是非观念和价值观念，引导孩子正确处理问题、谨慎选择朋友，增强防范意识远离危险、远离品行不良的人。

管教一定要在科学的管教理念下，以合理的方式管。考虑问题、说话、做事情、处理关系、教育孩子，都要先把自己摆到合适的位置上，也就是先把自己做父母的位置摆正。

如果家长站不到父母的位置上，把孩子当同辈一般对待，出现“讨好”孩子甚至崇拜孩子的现象，结果就失去了教育力。对孩子要求标准太低，孩子必然不会有很大的进取心，学习中便没有力量，也就不能够全力以赴，结果便出不来好成绩。

就像人民需要强势的领导才安稳，军人需要严明的纪律和坚定的指挥才有战斗力，其实孩子的内心都渴望强势坚定的父母。如果你能够树立起父母的权威，以更高的标准严格要求孩子，孩子就有了更大的力量向前冲，敢于不断挑战更高远的目标。把家长权威这个基本点树起来以后，再与孩子“交朋友”，理解、支持、鼓励、陪伴，孩子才能从父母身上获得真正的力量。

家长还要有格局与胸怀。家长对子女，就像领导对下属一样，需要格局和胸怀。海纳百川有容乃大，胸怀大才能够容人。提高自己的心理容量，站在高处理解事物，面对孩子的对错得失才能有包容之心。即使有时看到孩子不理解我们，也能够坦然地面对。站在哪一个高度的位置上，身心处于哪一个境界，你看到的世界就在哪一个层次上。

想要保持家长的权威地位，自身素养是最有说服力的权威来源。在权威方面，类似师生关系中的老师和学生。教师需“闻道在先”“术业有专攻”，传道、授业、解惑，才会有好的教育效果。所以，家长的自身素养是赢得尊敬的基础。权威树立起来，才有了可能传递给孩子正确的价值观，这也是做学习型家长的必要性所在。

第六部分 为爱思变

孩子有问题，家长要思变。这是本书想要总结的观点，也是我们想要建立的解决家庭教育问题的行动逻辑。

解决问题需要看向问题的本质，需要透过表象，洞察问题背后的原始信念，然后运用正确的知识和价值观来消融这些问题，或者找到行之有效的方法，最终从根本上解决它。孩子学习生活中出现的多数问题，背后必然有一个源于家庭和亲子关系的本质，我们要用心思考和发现它。

当你理解了事情的本质，就能够解决很多问题。看到问题，是问题得以解决的起点。因此，当你遇到问题的时候，不要担心，先放下焦虑，把问题视作自我改正的机会。

我们都会在解决问题中学习和成长。基于问题解决的学习方式，最有效最有针对性地帮助我们认识自己、改变自己。从这个意义上讲，如果你做好了学习的准备，弥补自身知识的不足，遇到问题就是成长的起点。

为爱思变

身教胜于言教

言传身教都是家庭教育的重要手段。只有真正内化为自己的东西，才能够自然而然地在你的言行中呈现出来，才能够实现“言传身教”。真正令人信服的道理应该是可以慢条斯理地讲给孩子的，而不是苦口婆心、声嘶力竭地讲出来的。真正起作用的言传身教，还要依靠家长自身修为的提升。

孩子到了青春期，对事物有了自己的思考和判断。一般而言，言教的效果与家长的自身素质和权威关系密切。在家庭教育效果上，身教胜于言教。家庭是课堂，父母即教材。家长的行动才是最好的榜样和示范。希望孩子成为什么样的人，自己首先要做什么样的人。

有些家长说自己在社会上打拼也取得了不少成功，孩子为什么不跟自己学呢？其实，你和孩子是在两条平行的道路上前行，而不是你在他的前面走，让他跟在你后面走同一条路。所以，家长要把眼光投向自己的未来，而不是盯着孩子的现在和未来，要留给孩子更好的自我发展的空间。你能够示范的是你如何走路，而不是你走了一条什么样的道路。有了这样的心态，你便能平静地看着孩子现在的样子。不管孩子长到多大，也不再心中疑惑，孩子怎么长成这个样子？还有各种担心，成绩怎么这么差？

如果我们当下的生活状态过于舒适安逸，不想奋斗吃苦，把精力放到追求享受上，怎能让孩子刻苦学习呢？很难想象一个自己不学无术、萎靡不振，天天沉迷于网络游戏的人，他的孩子能够积极向上。同样道理，你一直努力地成长，孩子自然就积极向上。你希望养成孩子阅读的好习惯，并不是你告诉他阅读有多么重要，他就爱阅读了。孩子看到你喜欢读书，家中处处有书，孩子自然就喜欢阅读。我们想要孩子善解人意，得先让孩子有被理解被尊重的体验。得到家人的爱和尊重，孩子也就学会了对他人的尊重。先要学会爱自己，才会爱他人。自己有了能量，才能把快乐传递给他人。

德行榜样

在父母对孩子成才的影响这一问题上，不同经历的人们有不同的看法：有遗传决定论，“龙生龙凤生凤，老鼠生来会打洞”，把人的成功归因于遗传天赋；有后天教养决定论，如“子不教，父之过”“虎父无犬子”等。这些观点并不是经过科学验证的道理，而是人们对观察到的一般现象的描述。事实上，类似现象存在一定的普遍性。

想给孩子施以好的影响，最好的方法就是成为他的行为榜样。孩子善良、谦逊等品质，更多的是从父母这里耳濡目染学到的。

有许多家长看到孩子身上的毛病，就会抱怨说，孩子怎么不随我的优点，我们的缺点倒是一个不落地学到了。这个问题常常遇到，多年的观察结果使我最终还是确信教养的重要性。我们理解，在一些外貌、天赋才能、体质、体能等自然属性方面，遗传性因素确实起到很大的作用，但是，对于德行、心理、素养、交往能力等社会性方面，往往是后天的教养和塑造起到很大作用。我们研究探讨家长行为，希望家长们把关注点放到家庭的教养方式上来。孩子身上的缺点，都不是通过基因遗传来的，而是教养出来的。

孩子身上的多数缺点和过错都来自父母，有的是从父母那里学来的，有的则是父母培养出来的。好的教养方式，会让孩子学到和继承父母身上的优点；不好的教养方式，会让孩子把父母身上的缺点加倍地学到身上。

孩子遇到问题情绪失控、发脾气、抱怨挑剔，想想自己面对同样的情形是不是也如此；孩子没做到的事，先想想自己是否还没做到；孩子贪玩不吃苦、不勤奋，先看看自己是否做到了克服惰性；孩子对你有怨言，或者态度不恭敬，先反思一下自己是否曾经抱怨父母，或者不够恭敬。古时人们做得不好时会自我批评说：“孩儿不孝，没有做到父母要求。”可是今人自己没有这样想过，却要求孩子对自己要孝敬，孩子的孝敬从哪里学来呢？自己对父母的不敬会在孩子身上体现，只不过程度增大了好多倍。孩子在家长的言行中看到了处理问题的方式方法，好的坏的，都会学到。明白了这个道理，我们就能心平气和地对待孩子了。先看到自己的缺点，再面对孩子的缺点时，态度就会不同。自己真正从心里孝敬父母，然后才能要求子女孝敬长辈。从这个意义上说，教育孩子的过程，就是我们自己受教育的过程。

知错就改，本身就是一个很好的示范。当孩子认识到父母也有缺点时，她就可以追赶超越。所以我们不要费力扮演高高在上没有缺点的家长，而要真心放下“父母必须是对的”的老观念，允许孩子对事物做出自己的判断。

再比如说夫妻之间的关系，以及相互对待的态度，还能影响到孩子未来的择偶，以及婚姻关系。实际上，你对待对方的方式，教会了孩子对异性世界的态度和看法。一般来说，妻子对丈夫的态度，背后藏着她对自己父亲的认知；丈夫对妻子的态度，则源于他对母亲的认知。

因此我们讲，当家长就要以身作则，当好榜样，而不是课外辅导员。如果当家长的不首先解决自己的问题，便很难把孩子培养好。这就是人们常说的，修身然后才能齐家。

我遇到不少家长，说孩子的表现和自己在这个年龄时的表现大相径庭。他们认为自己年轻时拼搏奋斗，不可谓不努力，学习也刻苦，现在事业也有成，而孩子却贪玩、不吃苦，没有责任感，这能说明什么？不是说以身示范吗？难道只有缺点和错误被模仿，优点就难学吗？

事实上，即便你取得再大的成就，也不能确保孩子如你所希望的那样，自然而然地继承和复制你的成就。能够被继承的不是成就，而是精神。你所能够示范的，不是你年轻时的样子和你现在的“成就”，不是你的优秀和曾经取得的成绩，而是你现在的行动和状态，你的奋斗与进取，对事对物的态度，为人处世的做法，这些才是能够被孩子所感知和学习到的。孩子从你这里受到的影响，往往是潜移默化的。想要培养孩子的德行和责任感，最终还是要看家长的修为，内修道、外修为，表里如一。

对孩子而言，父母的经历更励志。在饭桌上一起愉快地谈论工作的话题，和孩子聊聊自己的工作意义，对社会的贡献、自我价值实现、个人成长、赚钱养家等，孩子会从中受到激励和启发。

有次孩子面对一个参赛的机会，信心不足，觉得自己没有那么优秀，不敢去尝试。我便和她聊了聊自己的一段经历。在华师大读书期间，有一次导师邀请一位英国的大学教授来校做学术交流，交流内容是我们专业的内容。有在英国学习过一年的经历，所以提出让我来做学术报告会上的即时翻译工作。刚接到任务那一刻我十分犹豫，没有信心，不敢接受挑战，老师却坚信我能行，并且要求我必须做好准备承担任务。硬着头皮接下任务，接下来就是充足的准备，后来报告会很圆满，我也因此得到了很大的锻炼，有了更多的收获。那次经历给了我很大的信心和触动，是导师的鼓励给了我信心和尝试的力量。

我对小麦说，如果我们一味等待“完美展示”，不去尝试，又怎么知道自己不行呢？机会可能就错过了！人的潜力是无穷的，你只是发挥出了很小的一部分。前进道路上，不要为自己设定局限。努力把潜力发挥出来，相信你一定能做到更好。小麦听了这段经历觉得受到了很大的鼓励，后来再遇到类似的情况，也就比较容易能做出自己的判断和决定了。

理想引领

对未来心怀理想和希望，是人们前进的内在驱动力。因此，家长要用希望去引领孩子。就像犹太人的母亲“把蜂蜜抹在圣经上”，父母只是播下种子并提供成长的环境。杜威讲，你有什么样的预见，就会向这个方向发展引导，导向实现。孩子从小有什么样的想法念头，即使在你看来可能不切实际，都要尽力去支持他；相信孩子能够达到更高的目标；给他一些目标和成功的榜样，推荐一些合适的名人传记，要他成为像谁谁那样的人；为孩子的未来埋藏下理想的种子。提前“埋下种子”，在时机和条件合适的情况下，种子就会发芽，而我们只需要耐心等待。

高二的某一天，小麦忽然自信心爆棚，说要自学大学英语，参加“四六级”考试。按照当时对于她的英语水平的了解，我觉得女儿这次极有可能是三分钟热度。记得我们读中学时，每天辛苦地背单词、读长句子、反复听声音文件、练习写作，如果以我们家长的经验，孩子若要实现某个目标，就该像我们那样。看到孩子并没像我们这样下功夫学习，心里不免嘀咕，觉得孩子不吃苦、浮躁、好高骛远。但是，如果我们真是这么想、这么说，无疑就像掐灭了希望的小火苗。我的做法还是不动声色地支持她，和她一起去把“四六级”类书买了回来。虽然她兴致勃勃地翻开看了几页，后来就放到书架上了，高考前也没再提过，但是在我们和孩子的心里都相信，英语不会成为她前进中的障碍。

事实上，在孩子成长中，有很多个这样的时机。把一个个“三分钟热度”串起来，就是收获。所以我们永远不给孩子泼冷水，而是鼓励和欣赏她自己的积极主动性，相信她会在合适的时候做出合适的努力。等她自己觉得必要的时候，自然就会做出自己的努力。小麦上大学以后，大一通过四级，大二过六级，大三又顺利地拿到满意的雅思成绩申请到理想的大学。利用寒暑假，她先在第四范式实习，后来申请到德勤实习了三个月，期间都表现出较强的专业水平和应用英语的能力。内心有自信，就更容易进取。

每个人都需要理想的引领。希望和梦想能带来投入的激情，当孩子清晰地知道他要去向哪里，谁都拦不住他前进的脚步。我们怎样和孩子谈理想？如果仅仅沉湎于现实，急功近利，格局太小，路子就窄；所以对人才的成长而言，最理想的状态是怀揣理想、充满激情，现实地做事。比如说，如果把读大学仅仅看作是未来就业的工具，读书的目的不是从服务于人类的目的和使命，自我价值感得不到满足，实际上内心会产生出一种难以言说的自卑感。从这个意义上来讲，使命感能够带来幸福感。“精致的利己主义者”虽然可能取得职业上的成功，但是这些成功与成就感和价值感，以及使命感带来的幸福，都是不可比拟的。比如，如果一个师范生想的是“我再努力，也只不过是个小学教师而已”，那就很难建立起职业热忱。而如果他这样想：我们的使命是培养未来的人才。不管穷人还是富人，学历高的还是低的，将来他们的孩子都得接受由我们提供的教育。这样他们就有了一种专业自豪感，学习和做事情就有了更大的动力。

把孩子当成他自己，从心底真诚地相信孩子，相信他的梦想，相信他的能力。在孩子自己做出决定的时候，做他自己想做的事情的时候，我们更多地给予肯定和鼓励；不管孩子长到多大年龄，父母对孩子的肯定和鼓励，都很重要。当家长，就要做点燃孩子希望的灯光，不做浇灭梦想的一盆冷水。

父母职责

从其最原初的意义上来讲，教育包含两个方面：一是教，二是育。古时男子在外拼搏为家，管教子女、承担家庭的社会责任、为子女树立榜样、锻炼孩子能力适应外部社会；女子在家勤俭持家相夫教子，承担养育子女、维护家风家训的责任。

根据西方脑神经科学的说法，人们的左脑和右脑掌管不同的职能领域，理性和感性、直觉和思辨，左右脑有不同的分工。相比于男人根据左右脑不同的分工来使用大脑，女性可以更好地同时使用左右脑，因此理性与感性兼具。可是到了现代社会，女性参与了更多的职场竞争，不得不依靠更多的左脑理性思考，而本来感性灵敏的右脑处于不活跃状态。

现代家庭成员的社会角色结构也发生了变化，转向共同承担社会责任，在家共同承担部分家务，以及教养子女的任务也就成为必然。但同时，天然存在的性别生理和心理特点差异，仍然对男性和女性家长有着不同的角色要求，比如说“父爱如山，母爱如水”这样的提法，就是一种体现，当然并不尽然。

这里需要注意的一种情形是，在亲子关系中，父母态度的一致很重要。女性从生产中获得了足够的信心，天然地有一个小的追随者，因而“为母则强”，这是自然获得的“特权”。但是，如果因此就觉得自己比老公强，平时说话做事，总是抢到孩子父亲的前面去，生活中太强势会带来很多问题。孩子不理解父亲、抱怨父亲，多半是因为母亲没有教会她理解父亲，或者看到了母亲对父亲的抱怨。在家庭生活和沟通交流中，认识到这一点，女性朋友就知道该如何处理好这一关系。

父亲与母亲对于子女的教养如何分工，分别起到什么作用，主要体现在哪里呢？一般我们观察到，父亲给予孩子的爱更富于理性，父爱看起来像是“有条件的”爱，要求孩子努力做好以赢得更强的竞争力。孩子未来必然要在社会上独立生存，必须具有相应的竞争合作能力，理性的父爱有利于培养孩子的社会生存竞争能力。母亲给予孩子更多的是感性的爱、无条件的爱。母爱给孩子最初的安全感，父爱给孩子更大的力量。父母的爱共同为孩子撑起身心健康成长的天空。

在建立规则意识方面，父亲的作用是独到的。小麦读高中期间，从安全角度考虑，麦爸和她制定了外出规则，不论到哪里去玩，都要告知时间地点同行朋友的电话号码，晚十点之前回家，这些规定一直到现在都是严格执行的。

在帮助子女了解社会，形成正确的社会认知，帮助孩子形成正确的社会角色意识、身份意识方面，父亲总会更为客观。孩子在高二时，我的工作单位离家远，中午不能回家，麦爸和小麦一起吃饭并接送孩子上学，路上他们都会愉快地交流。有时谈到他上学时物质上的困乏和精神上的富足；有时谈他自己的创业经历；有时谈对小麦未来的设想。

父亲帮助女儿了解异性世界，了解异性的价值观，有助于女儿形成一个均衡的自我认识，纠正女儿的自我认知偏差，有助于女孩的开朗健康阳光的个性养成。他会毫不客气地告诉女儿，没有人生来是为了让你使唤而来爱你的。“公主病”是什么？对同样的行为表现也不能一概而论，有些行为放在公主身上就不是病，不是公主却像公主自然就是病。明明你出身平平，偏又自我骄纵，没有人会喜欢这种病。他理性地告诉孩子，人贵在有自知之明，要有独立生存的能力，不依附，做力所能及的事情。他教给孩子自尊谦逊地面对世界，平和地看待自己。他对妻子的态度，对女儿的态度，也直接影响着孩子对异性世界的认知。

父亲是孩子成长中最重要的生命教练，为孩子长大树立榜样。父亲坚定刚毅的性格，对家人的爱护，对自己的严格要求，顶天立地于社会的勇气和担当；对于家庭的责任和担当，对事业的追求，都在孩子心中树立起男性楷模。

孩子越长大，越需要从父亲那里获得力量，特别是面对外部世界的勇气和精神动力，获得安全感和进取的动力，这才是“父爱如山”的真正含义。

母爱是我们一生的能量来源。母爱如水，细水长流，让孩子心里永远安全温暖。母爱是母亲给予孩子的深厚情感，无条件地接纳，意味着对孩子怎么看怎么好、怎么看怎么亲。不是因为你多才多艺和学习成绩好，不是因为你满足了我的想法，只因为你是我的孩子，我就爱你，这叫无条件接纳。

母亲在家庭生活中给孩子树立女性榜样。母亲们展示在孩子面前的，既是自己的生活状态，还是女性的示范。她爱自己，把生活过成自己想要的样子；爱家人、相夫教子、勤俭持家、温和贤良，把家打扮成一个温馨和睦的安全港。妻子对丈夫由衷的爱和敬重，会使孩子接收到更多来自父亲的力量。家庭中树立起男性力量，家庭状态就显示出更大的生机和向上的动力，孩子的成长也更有力量。

父母是孩子的生命教练，与“监督员”“管控员”有本质的区别。我相信，每一个孩子都希望有教练一样的父母。我们要学习的，是做好孩子的生命教练。教练型父母的做法是：在长期的陪伴成长中，以孩子的成长为中心，给孩子的成长予以充足的耐心和等待；发现孩子的兴趣和潜能；挖掘和开发孩子的潜能；激发他的自主学习的动机；允许孩子出错，给予他改错的机会，把看到孩子存在的问题，看作孩子成长的机会；引导孩子遵守社会规则，建立起规矩意识和行为的边界；谦逊地承认自己也会犯错，自己也是从试错中走过来的；能够改错；给孩子做出正确的示范和表率；鼓励成长过程中的进步，指出和纠正成长过程中的错误，而不是只强调结果是否令自己满意，是否符合自己的标准；同时，严格地要求孩子，引导他树立前进的目标，迈向更高处；在遇到困难时鼓励他，在孩子需要父母支持的时候予以坚定的支持。

夫妻关系

对孩子而言，最好的家庭环境就是父母的和睦恩爱。孩子们能够从家庭生活中获得幸福感，首先是从幸福和睦的父母那里学到的。除了爱情、亲情、婚姻责任以外，幸福的家庭环境和良好的夫妻关系都是学做家长的必修课。夫妻之间彼此尊重和认可，积极地相互欣赏，孩子就容易从父母

夫妻关系

身上学到优点；夫妻之间相互不满和抱怨、互相挑剔，孩子就容易从父母身上学到缺点。

所有孩子都希望看到和睦恩爱的父母。夫妻之间的分离感，孩子会敏感地感受到。孩子们都是无限忠诚于父母的，在每个孩子心里都坚信，自己一半来自父亲，一半来自母亲。他们会采取各种方式增进父母之间的感情，用自己的行动甚至牺牲来维护父母的关系，也就自然会消耗不少心力，甚至会影响到自己未来的择偶和婚姻生活。

夫妻关系是一种以爱的情感和婚姻责任维系的关系。和睦美满的夫妻关系是健康家庭的第一要素。夫妻关系，既是孩子成长的首要环境，也是对孩子未来家庭生活的示范，更是亲子关系的基础。在所有家庭成员的关系中，夫妻关系先于亲子关系，是家庭关系的核心。

自我感觉和先生的感情总体而言还不错，相互理解、尊重、体谅，相亲相爱，不过孩子总是怀疑这一点，至少觉得应该更好些才对。孩子读初中阶段，关于怎么教育孩子，有时我和先生观点不一致，因为她常常会看见我和她爸爸观点不一致，为一些鸡毛蒜皮的事情吵嘴、生气、抱怨对方。但凡争吵，之后任我怎么对孩子解释说爸爸妈妈感情很好，小孩子还理解不了大人之间的感情，她还是会很生气，而且会一直记着。所以说夫妻之间不管有什么问题，尽量不要当着孩子的面吵嘴，因为给孩子留下不好的心理印象和不良影响难以消除，这样的教训，希望年轻的家长们好好记取。

孩子青春期出现的很多问题和状况、行为表现、学习状态、成绩状况，与我们的理想形象有偏差的时候，多数都能从家庭中的夫妻关系上找到原因，进而由此寻找到解决方案。

有句话说，“夫妻心心相印之处即为家”，是讲夫妻关系才是家的本质，决定了家的温度。和谐的家庭是家庭成员相互关爱、扶持的温暖港湾，是每个家庭成员人生和事业的加油站，这是家庭的本来意义。但是，在现代文明社会，这些功能似乎有减弱的风险。人类社会从男人养家糊口、女人相夫教子的男耕女织的社会中走出来，已经步入现代文明。

以往人们讲坤道，强调阴阳协调互补之道，强调天行健君子以自强不息，强调地势坤君子以厚德载物。这一理念强调，男性应像天空一样高远清朗，女性应像大地一样包容敦厚。现在讲女性解放、女性权力，男女各自半边天。我们看到，女性在经济上更独立，工作上更平等，是女性的社会地位提升带来的好处。然而同时，这种表面化的“地位平等”给女性带来的伤害却很容易被忽视。那就是，在社会竞争环境下，女性的内在母性和女性意识被贬抑，渴望关爱呵护的女性心理需求被忽视。我们知道当今社会在就业等方面确实还存在不少男女不平等现象，还需要持续地为女性赋权。但是，在家庭生活中，女性要争取的已经不是“地位”问题，而更多的是通过自我调节来实现更多的家庭幸福。

婚姻意味着除了爱情之外还有一份维护家庭关系的社会责任。当我们还是孩子的时候，我们在父母的呵护下长大，当我们成人成家，尤其是生育子女之后，就多了一项以前未被赋予的责任。这时，我们多了几重成人的责任，既为人夫妻，又为人媳婿，还要为人父母，经营家庭、养护家庭、教养子女，各种继承传承。

现在很多独生子女婚嫁后不会经营生活，各自不愿付出，女人们体会不到照顾男人和孩子是一种幸福，男人的责任没有很好地担当起来。在这样的家庭中如果再掺进两个父辈家庭参与的竞争，就更加陷入混乱，和谐美满的家庭几乎成为奢望。

父母与子女是血缘关系，不能够选择，而夫妻关系是没有血缘关系、有选择性的关系，更需要经营和维护。不管是一见钟情还是长久恋爱的结果，在婚姻中爱情会随着时间的推移转化为亲情。从恋爱关系走向婚姻，结婚之后都要调整角色，以对人生负责的态度来看待婚姻，好好经营婚姻。

近年来青年一代离婚率有上升的趋势，当今社会，离婚率高居不下，成了一个时代性社会问题。在目前社会环境下，离异家庭要给后代创造好的生活条件和环境显然会面临更多的困难和挑战，需要认真对待，处理好对孩子成长带来的影响。当然世上有太多不合适的婚姻，离异家庭和单亲家庭的比例在不断增长，也是客观存在的事实。离异家庭对孩子的影响也各有不同情况。重视孩子成长的父母会努力把对孩子的不良影响减到最小。不管家庭的成员构成如何，家长能够为孩子做的，核心就是要尽力让孩子体会到父母、祖父母、长辈乃至更大的外部世界对自己的爱。

现实的婚姻看起来似乎没有完全令人满意的，因为在漫长的婚姻生活中，人们更容易看到对方的缺点。正如一座高山，远看雄伟壮丽、奇险秀美，到近处一看，也是乱石一堆。两性之间，似乎很难互相完全了解对方的内心世界，恋爱时看到的彼此互补、彼此需要、彼此吸引的优点，也正是你当初选择他的原因，婚后却都可能被看成缺点。

很多年轻人用“三观不合”来说明自己婚姻失败的原因。诚然，观念的不一致是带来许多夫妻间冲突的起因。从原生家庭中形成的生活习惯及价值观的差异，在漫长的婚姻生活中会不可避免地带来矛盾和冲突，我们须学会互相理解和包容。

过于强调价值观的一致性往往会得到失望。每个人的世界观价值观人生观都是形成于自己成长的环境中。世界上没有完全相同经历的人，当然不可能有与你三观完全一致的人，生活方式也必然存在差异。如果你正受到这一问题的困扰，我希望你能认真考虑一个问题，究竟是对方的价值观有问题，还是你想要以自己的价值观来改变对方？强求对方与自己“一致”起来，实际上是出于你个人的控制欲，试图把配偶纳入你自己的价值体系，用自己的价值观规范他人的生活。你可能并没有意识到这一点。何不换位思考一下，如果站在对方角度看，问题可能出在自己身上呢？

很多女性在家庭外面能容忍宽容他人，能赏识赞扬他人，而对自己的家人却百般挑剔，眼里看到的更多的是缺点。看不到家人的优点，这种模式就很伤人了。

过于追求一种理想的情感关系和状态，一味想要改变对方，这样的努力往往是徒劳的。武志红说，想要改造别人的梦想，是最大的虚妄之一，须放下改造别人的梦想，放下对别人的执着，诚实地面对自己的人生真相，真实地生活。

情感粗线条的男人们如果能够善于体谅和关心一下妻子，家庭的幸福指数显然就直线上升了。中国男人在情感表达上的含蓄和矜持是举世闻名的，所以妻子们最好不必太在意。遇到一个细腻懂你又能干的完美夫君当然是一种幸运，但是，你选择与他共度余生，那他会怎样对待你，恐怕主要还得靠你自己去教会他。

在漫长的婚姻生活中，最需要的就是理解和彼此尊重。有一种模式是，夫妻之间从不对对方的付出表达谢意和感恩之心，认为“老夫老妻了，何必客套”，“一家人不说两家话”，看似“实在”，其实是对亲密关系的误解，或者是出于惰性，懒于付出更多的爱和尊重。夫妻之间，不管多少年之后，仍然需要相互尊重、互敬互爱、“举案齐眉”，这本质上就是对爱人独立人格的尊重。

夫妻之间建立了深厚的理解和相互的尊重与认可，在其他的生活事务上就容易取得一致。对于观念和生活方式上存在的差异，你可以带着一种好奇的心态——“哦，原来他是这样想问题的呀”。就像《人生果实》中的英子说：“结婚以后，只要把丈夫放在第一位去想，情况就会慢慢好转。”“他在周末出海时，我可以一个人在家里，想做什么就做什么，所以我反而是抱着‘你尽管去玩’的态度，心里高兴得很。”

在家庭幸福的因素中，女性的性格特质十分重要，甚至决定着家人们日常生活的幸福指数。一个家庭中，女性善良敦厚温和安定，家庭气氛就安静祥和。相反地，如果家中女主人心情阴晴不定，总是挑对方的毛病，先看到他的缺点而不是优点，不断地讲道理，陷入对配偶的抱怨之中。可以想象，家中的氛围不会充满轻松欢乐，甚至成为不幸的根源。张德芬说，女性能量是守成、等候、酝酿、包容。唤醒女性能量，能够放松并不疾不徐地一件一件地做好该做的事，非常重要。女性先为人妻，后为人母。女人主动以相夫教子作为自己的修为标准，必然有利于家庭幸福。

家里出现的所有情绪问题，往往先从女人的情绪中有体现。女人的心安稳，家就安稳，女性也更关注情感需求的满足，所以改善夫妻关系和家庭氛围，往往是女人先迈出改变的第一步，效果会更明显。女性对爱人的认可、陪伴、依靠，都会使全家人踏实地建立起安全感，涵养男性的稳重坚定责任感，培养他的阳刚之气。如果女性把夫妻关系处理好了，在教育子女上也就有了更好的基础。从这个意义上讲，女人是家庭的守护神。

从生理心理的特点来看，男性能量是向外发散的，就像树木的枝叶一样向外生发，能量不足就会内部空虚脆弱。男人在生活中脾气大、毛病多，大都是因为他没得到足够的爱。你要试着这样理解：当他发火发脾气时显得很强大，其实内心很脆弱；任何一种攻击都是在寻求爱；当他批评和指责他人时，其实是内心在指责自己，将自己的坏心情投射到他人身上；当他想控制别人时，其实是担心你会离开；当他炫耀自己时，其实是他的内心以为自己不配拥有这些。在外炫耀自己的人，是因为缺乏家中女人的认可和欣赏。妻子想要改变这样的状况，最根本的办法就是要给予丈夫爱的承诺。

爱会使人放松下来，暖和起来，把长期隐藏在心中的痛清除出去。在家庭中给予他爱的承诺，就给予了他足够的自信心和安全感。所谓爱的承诺，是用心给予的，就是不管什么情况发生，你总是和他站在一起；既然是因为爱他才和他走到一起的，就会一直跟随着他，真心信任他，感情上真心地依靠依赖他，认可赞赏他，感恩于他；在家庭中把他摆在“一家之主”的位置上，放低自己的位置附和他、维护他，遇事多商量，最后的主意由他来拿；他生病时，毫不犹豫地照顾他。

你可能会说，现代男女都是平等的，为什么不是由男性首先表达对女性充分的尊重呢？这样想也没有错，但是，我们想要强调的是方法，不是对错。我们可以试验观察一下，如果你能够做到真心实意地依赖他、崇拜他，甚至男人在妻子面前可以“扬眉吐气”“耀武扬威”了，反而更有了保护女性和家庭的责任感。责任感被激发出来，他就担当起了男人应有的担当。这是智慧女性的做法。智慧的女性有妻子的角色意识，懂得做好自己本分本位的事。

温柔是女性的特征，也是女性的美德，是促进关系的最佳选择。男性有时也很脆弱，需要以女性的温柔来接纳他，以女性温和柔软的方式诸如示弱、撒娇、向他诉苦，表达自己的担心和顾虑，向他求助“我这么努力了，事情还是这样的状况，该怎么办呢？”妻子以感恩的心态和行动对待丈夫，随之而来的变化一定能令妻子惊喜。

彼此爱慕、敬重、陪伴，可能就是婚姻最好的状态。

男人在竞争社会中，身上要有来自女人的力量。男性的力量，早期是来自母亲的力量，后期是来自妻子的力量。妻子对丈夫的认可相当于代表了女性世界对他的认可，会使他们建立起对整个女性世界的信心。同样的道理，婚后女人从男人身上寻找父爱和安全感，这是一种天然的取向。生活中我们可以从人的精神面貌中感受到这一点，比如家里有个经常夸赞爱人的妻子，家庭气氛和和美美，他在外面也带着一种天然的自信。从女性脸上的气象也能够看出丈夫的关爱，这就是家庭力量在每个人身上的体现。

相互的欣赏和赞美会大大提升对方的信心和能量。欣赏的力量非常强大，给家人以真诚的赞美，收获的效果也十分显著。在我们家，平时我做饭，他洗碗。每当发现他在厨房里面把锅碗瓢盆搞得声音很大有些刺耳，我就明白自己又忘了做一件事，连忙大声说，看看孩儿他爸，又默默无闻地刷锅洗碗啦！话音未落，厨房里的声音马上就起了变化，成奏鸣曲了。他会高兴得手舞足蹈地拿着勺子抹布跑到餐厅里来，与坐在客厅沙发上的我们娘俩分享他所听到的国际新闻，还要对那些名人品头论足一番。这可真是十分奏效、百试不爽。想想看，有谁不是更愿意听到爱人的关心和赞美呢？我只想说，我也是。

很多家庭矛盾源于夫妻间缺乏相互认可。如果有一方总是去挑对方的不好，否定、指责和抱怨对方，或者总希望能改变对方，所带来的打击也是相当巨大的。对于漫长的婚姻生活而言，这样的行为确实可怕。男人最不能接受的是抱怨和指责，非但不会因为受到指责而改变，而且会越发地远离家庭。

没有矛盾就没有生活，生活中夫妻之间难免会有不同的意见、看法，对问题的不同见解而产生矛盾，这都是正常的。当有了矛盾，双方都应该从“因事相争，焉知非我之不是”，且平心暗想的角度，从自我找原因，这样就能容易地合理地化解矛盾。有时候矛盾不但不会破坏夫妻关系，处理好了反而会成为增进理解、增进夫妻感情的黏合剂。

男女之间的心理需求天然地存在差异。对立统一、阴阳平衡、异性相吸，才是规律。企图改变男人，让男人以女人希望的方式生存是不可行的，也是不对的。既然差异的存在是客观必然的，最好的态度就是对于男女之间的差异从理智上要认同、理解和尊重，从感情上要彼此欣赏。只看对方的好处和优点，不看缺点，双方都向对方靠，才能建立起健康的亲密关系。在夫妻关系中没有什么正确性和道理可言，也无需用数据支持和科学证明，因为家庭就是一个讲爱的地方，而不是一个讲理的地方。

我喜欢看各种书籍，而先生喜欢打球，回到家从来不看书。以前，我就会觉得他不读书，总想说服他多拿点时间读书，并没有奏效。先生关于自己不爱看书的原因，是这样的：自己不需要总求助于书本就可以过得很好，没时间也没必要读那么多书，有时间不如去锻炼身体。想想也是，我喜欢看书是从书中获得乐趣，他喜欢打球也是从中获得愉悦，他愿意做什么就做什么，对身心健康有利就好，何必非要一样呢？这么想就心平气和了。我参加了几个学习传统文化的沙龙或交流群中，发现里面百分之九十以上的都是女性。我把这一点也理解为当前社会中男女差异，当然这并不代表全部。

婚姻中的女人总在努力寻求爱和被爱，最希望得到更多的关心和爱的表达。有时她的蛮横跋扈，可能也只是为了获得更多的理解和爱。每个人都希望得到爱人更多的关爱，但是生活中有很多人很难表达和传递这样的信息。

遇到一位朋友，说起她的结婚纪念日那天，爱人没有任何表示，她噙着眼泪满腹委屈，“难道这么多年了，他还不知道我想要的是什么吗？我其实想要的很简单，只要他陪伴我就可以了。买个本子买支笔什么的，我也会很高兴呀。明明知道我不喜欢出去吃饭买花什么的，为什么还是只知道一起去吃饭？那一次他带我去吃饭，我不高兴，后来他就以此为借口，竟什么都不做了，太委屈了。为了他我做了那么多，难道他都不知道吗？”“我不愿意去告诉他我想要什么，那多没趣呀。我从不愿意对别人过多要求什么。”

听她这样说的时候，你是否会觉得自己也曾经有过类似的感受？很多人恋爱中和婚姻中都有类似的问题。女人总是希望通过暗示让对方体会到她所希望的，可是多数男人又不愿意费心思猜。女人总会说：“我怎么感到你从来不关心我？”男人常说：“我到底怎样做你才能满意？我已经很努力了！”健康的方式应该是追求一致性，不要绕弯子，直接正面地表达“我很难过，需要你关心我”，而不是“我都这么难过了，你还这样对我，你从来都不关心我”。清楚明白地向对方提出合理的要求，而不是希望对方自己去猜测，也不是等待对方主动去理解你。

世界上很多的亲密关系就是这样奇怪，明明相互依赖、相互吸引，却又相互不理解，甚至相互伤害。意图和行为总是处于矛盾的漩涡之中，使得自己的爱难以得到对方的辨认和认可。甚至很多时候，为了索爱却弄丢了爱，为了得到更多的关心和爱，结果却把爱人推得更远。比如，有的以愤怒、消沉、忧伤等情绪来表达对爱的需求；有的装冷漠、被动，明明渴望亲密关系，却又回避躲闪；有的拼命使自己变得优秀，只是为了得到对方的关注和爱，但可能你并不明白，对方不是因为你优秀而爱你；有的总是不顾对方需要什么，一味地“付出”，其实可能只是为了抢占付出的制高点，背后的逻辑是“既然我付出了那么多，他就该回报这么多”，但是这种索取爱的方式也是令人不舒服、敬而远之的。

婚姻中，男人总在努力证明自己很厉害，最怕女人的不满和怨气，最希望听到女人的赞美和崇拜；从本质上来讲，男人从不希望得到女人的同情，只希望得到女人的崇拜。男人表面强势，其实是他的内心在寻找爱，渴望得到你的认可；既然你爱他，就应该给他他所需要的爱，以他希望的方式来爱他。既然男人的面子比天大，那就给他足够的面子，这又何尝不是爱呢？这才是理解并以他想要的方式爱他。

如果你能够把爱人表现出的各种“不可理喻”，理解为他在以一种不恰当的方式索取爱，而给予他应有的爱和对待，很多问题也就迎刃而解了。当他发火时，不要陷入他的情绪中去；而是仍然接纳认可他、依靠他、感恩于他。一般来说，男性的家庭责任，更多地在于家庭建设和为家庭发展护航。在男性看来，努力负担和保障家庭的经济支出，为家人生活创造更好的物质条件，争取家庭在社会上的良好声望和地位，保持更稳定的阶层生活，是作为丈夫、作为父亲的首要职责。到社会上奋斗拼搏、赚钱养家，这就是他对家庭的尽职尽责，也是他爱你的方式，如果女人能表达出自己对此的感恩之情，马上就会平息他的愤怒。由于现代女性的经济独立性提高，妻子们往往忽视了对男性这份责任担当的赏识和感恩之情，这也是目前带来夫妻关系问题的原因中比较普遍的一个。

听到这样讲的时候，作为现代女性的你可能感到很难接受，我的几位女性朋友看到这里，觉得这是在强化男权。为什么不对男性提高要求？现代社会给职场女性的压力已经够大了，甚至育儿责任和家务工作量都已经远远超过男性。我本人就是女性，当然十分理解这一点，更希望女性得到更好的对待。这里有两个原因：一个是料想女性读者更多；二是我本人是女性，写这些是从自己的经历出发，可能有失偏颇，请选择借鉴。在家庭关系调整中，我体会到的是，只有通过改变自己而不是他人的观念和行为，才能带给自己内心的平和愉悦，这是我努力想要改变别人无果之后，得出的结论。在此我仍然要强烈地建议你先在生活中、行动中这样想这样做起来。这样做起来试试看，你就会发现它的神奇效果：家庭更和谐，爱人知道疼爱和珍惜你，孩子越来越懂事了，学习状态和成绩也会越来越好。

家族归属感

想做好家长，首先要学会做好子女，处理好自己和父母的关系。

从农耕文明发展过来的中华传统文化中，血缘关系拥有着很高的优先度。自古以来，中华民族就是特别注重家庭建设的民族，中国人的文化根脉上都接受并传承孝道。“家和万事兴”“百善孝为先”，既是人们对家庭关系和睦美满、和谐稳定的一种期待与祝愿，也是中国老百姓生活经验智慧的总结。

孝道是融化在我们民族的文化血液中的道德情感，家风、孝道是传统文化的核心，孝道文化在我国得以千年传承，在现代仍然具有强大的生命力。然而在今天，如果仅仅用传统的思维和观点，从伦理道德角度解释“孝”，并希望现代人复兴“孝道”，甚至是形式主义地传承一些不符

家族归属感

合现代生活的行为方式，在现实中是行不通的。“孝道”这样的词汇，与现在的话语环境显得似乎不那么协调，特别是对于生活在当今这个时代的孩子们来说，听不进，难吸收。而且我们这一代家长，对传统文化知识了解得也是不深不透，做得也不好。所以，给孩子讲孝道，恐怕也很难讲透彻。在这里我们提出“家族归属感”这一概念，是希望用现代人的思维予“孝道”以时代含义。

在多年对家庭教育问题关注和研究中，我深切体会到“家族归属感”对于个体身心健康成长的极端重要性。“家族归属感”与人的健康和心理有着非常密切的联系，就像维生素对于人体那样重要和必要。现代人的压力、焦虑等问题，很大程度上都源于内心无依，没有建立起更厚实的归属感，内心缺乏安全感。在现代社会分工的背景下，个体心理很容易因为社会角色、性别意识、出身、阶层流动、公平、职业等而失衡。有大量的心理辅导实践和案例分析，支撑这样的观点。社会学著作《自杀论》对自杀现象的研究中发现，自我与社会的联结度过于紧密，或者没有建立起与社会的良性联结，都会导致个体的无意义感，内心没有方向，缺乏支持和指引，在迷茫无助中徘徊。

心理学认为，归属感是心理健康的关键。维持健康平衡的心理和内心安宁的一个很重要的部分，就是内心深处的归属感。一个人内心所归属的系统越大，安全感就越强。

我们最需要也最先能够获得的归属感，来自家族和家庭。共同的血缘关系和基因，为家庭成员的归属感提供了第一层的归属感来源。家族的血脉和精神生生不息代代传承到了今天，流淌在我们的身体和心灵中，这就是我们的根脉。血缘、精神、经历形成的性格观念，在生命中流淌着，对于生命来讲就是这样。对父母家族的敬仰和对生命的敬畏，就是与我们的生命之根建立起的深深的联结，就是对自己生命的悦纳，就是我们生命力的不竭源泉。

正是从这个意义上讲，亲密性和相互依存性是家庭关系的本质要求。所以我们每个人都不能切断与父母家庭的心理联结。个人的力量都是十分渺小的，内心是孤单无依的，在社会上单打独斗也会令人身心疲惫。

还有不到一个周就考试了，小麦感觉前面学习的内容没复习好，心中没底，所以更紧张起来，总是念叨，万一这次考试退步怎么办？

家长们面对孩子考试、自己的工作等都会有这样的焦虑，背后体现出的是什么？试想一下，如果我们把所有的进步、成绩都归功于自我，归因为“天生聪明”“个人能力强”等，也就否定了奋斗。面对曾经的成绩，个人容纳不了，更难以承受退步，面对考试必然会紧张。反之，如果孩子心里能将成功归功于父母老师的培养，把自己放到安全的位置上，就能安下心来该干什么干什么，而不浮躁。

所以每个人都需要寻找到可以仰望的力量，来自父母、家庭、家族的更大系统的支撑，成为内心的安全港和精神家园。

建立起家族归属感，就是链接起了内心支持系统。这样，内心深处有了家为后盾，生命的荣耀来自家族，归于家族，把个人的成就归于父母家族的培养，以及更大的社会环境和外部系统的支持，内心就坦坦荡荡的，自然而然地疗愈了自己与父母、他人和社会的关系，也获得了更大的格局、胸怀和前进的动力，且能静心安稳，不再因得意而亢奋，因失意而忘形。这样的归属感可以免除各种浮躁和自以为是的浅薄，有充足的安全感，可以做好自己的事情。

过去人们讲“孝”有三个层次：养、敬、谏。在今天我们讲孝，本质是敬，是带着敬意去理解父母的精神，尊重他们的思维方式和行为方式。父母不是能够选择和决定的，不管出身高贵还是卑微，都应带着这份感恩的心去接纳自己的一切。

然而敬畏感是现代人比较缺失的一种品质。从乡村走向城市的第一代，最容易犯的一个错就是个人英雄主义，自己有点成绩，就把现在的生活当成个人奋斗的结果，看低了父母，觉得父母不如自己，甚至在内心瞧不起父母。这样就带来了很多的问题。一个人的心里对父母带着抗拒，哪怕只是一点点，也会带来很多人生问题。与父母对抗，相当于把内心的靠山推倒了，会消耗很大的能量，身心疲惫。

对于父母之间的感情，父母的生活习惯和方式，父母的决定，我们作为晚辈是很难理解的。但是，如果你去评价父母的对错，想父母如何不好如何不对，想干涉父母的事情，其实就是一种“越位”。越位的产生肯定是因为你的位置没有摆对，无谓地背上了父母的压力，因此，你只需要记住父母给予自己的爱和温暖就好。

站在较低位置的人，对上面的人往往很难做出客观的评价。因此，对历史、对上级、对父辈，我们的评价总会带有主观偏见和局限。人们看不到父辈的奋斗精神，不是因为他们没有，而是没有把父辈放到他们年轻时生活历史背景下去理解。每个个体都是被时代潮流推动到当下的，也是站在父母祖先的基础上走过来的。在物质生活贫乏、生存环境恶劣的条件下，父辈仍然用智慧和勤奋把我们养大，不是强大的奋斗精神又是什么呢?

沉下心来，回望祖辈历史的荣光，从父母家族那里找到自己的“根”的感觉，这一基础就足以供我们生发出力量。家族的奋斗历史是我们成长的一个优秀的基础，父辈的经历也会成为子女学习成长的巨大动力。努力学到父母身上的优点，把家族的优良传统传承给下一代，个人及家庭的各方面就会有很大的提升。即使对于已故的亲人，缅怀他们的精神，一样能够获得力量。“母亲并没有离开，只是生活在另一个世界里，她的精神在我们身上延续。”

仰望父母家族，是对生命的敬畏。子女敬畏父母给予的生命，就会爱惜和锻炼身体，追求健康的生活方式，发挥自己的潜力，传承艰苦奋斗精神。自卑感也是一种对父母的不敬。我们的生命是父母赐予的，如果带着负面情绪去嫌弃自己，觉得自己这里不好，那里不好，实在是对父母的一种傲慢。以前我总害怕别人表扬自己，不知该怎么回答。现在当受到别人夸赞时，也觉得卸下了重担，因为那是父母遗传和培养的结果。清楚地知道自己所拥有的一切都是有来源的，能够将我们带到当今这个世界，是祖祖辈辈奋斗的结果，那么感恩和谦卑的正能量会和我们的源头连接上，这时我们自然而然会卸下压力。

当你试着从内心仰望父母家族，你的内心立刻就会平静下来，能把自己放到低处考虑问题，你就会生出一种踏实、温暖、安全、舒适的感觉，这真是很神奇的一种体验。就像小时候坐在门口的板凳上，母亲摇着蒲扇给你讲故事的情景，身边的一切变慢下来，焦虑浮躁的心便能得到很好的抚慰，内心深处的孤独感也被力量和温暖取代。你现在就试着做做这样的练习，会发现它的神奇效果。特别是在情绪和身体状况都比较差，感觉能量特别低的时候，回到父母身边，承认自己脆弱的一面，把所有的疲惫和伪装卸下来，感受和体会那种真实的家庭的温暖，很容易疗愈。用心体会自己做子女的位置感受，有助于我们找到自己在做家长时应有的角色感受。

面对父母时，能把自己放到子女的位置上，面对子女时自然就能把自己摆在家长的位置上。

家风传承

注重家风家教，是我国家庭文化的优良传统。中国是礼仪之邦，自古以来在家风传承方面有着丰厚的文化传统，形成了浩瀚的历史文学宝库、传统文化宝藏。传统中国，“家国一体”，家是小的国，国是大的家。家风文化也成为中华文化的重要内容。古代人们读圣贤书，受圣人训，从社会精英到普通百姓，从幼童开始就把圣人经训作为身心启蒙的工具。四书五经、家书家训，教人做人之道；勤劳勇敢勤俭节约是我们民族的本色；孝悌忠信礼义廉耻渗透在人们的文化血液中，优良的民风和民族精神滋育着民族的繁荣昌盛。

在传统的家庭社会中，人们对幸福生活追求过程中形成的奋斗精神和道德品质，诸如敬老爱亲、尊师重道、父慈子孝等传统，都在形成优良家风代代传承中熏陶教化每一位家庭成员。我们所熟知的《颜氏家训》《朱子家训》《钱氏家训》等优良家风的教诲，成就了大家风范和卓越的后代。

家风家训家族传统的传承，可以说是中国传统家庭教育的主要内容。家风是形成一个人价值观的起点。祖辈制定的家风家训往往成为家庭子女后代的奉行的人生信条。以前，伴随着家庭财富、运势、地位与声望一起传承的，还有家庭的精神、优良的家风、严格的家训、家族的社会声望、社会责任、情感与品格的教育。比如先人有“七不出门，八不还家”的说法，是老祖宗传下来的教人的行动准则，通过农村俗语的形式代代传承。这句话的意思是，没为家人准备好“柴米油盐酱醋茶”这七件事，就不能出远门（责任），在外没有做好“孝悌忠信礼义廉耻”这八条准则，就无颜面回家（德行）。如今，伴随着时代和社会结构的变化，这些口口相传的道德要求，逐渐失却了传承的力量。

近代以来，传统的以家风传承为基础的家族模式，已经被现代独生子女或少子女家庭模式所替代。每个时代有每个时代不同的难题，在家庭模式从传统向现代转型的过程中，出现了诸多不适应，“代沟”就是其中具有典型性和普遍性的问题之一。每一个时代的人都有自己所处时代的独特经历和由此形成的认知和思维以及生活方式，因此代际差异是必然的。对于每一代人身上所具有的特质和差异，需要彼此尊敬、相互理解。但是，如果代际差异大到两代人之间难以相互理解，甚至沟通困难、难以对话，就成为代际鸿沟。

我们国家是在一个较短的时期内，完成了从小农经济走向公有制经济而后市场经济的巨大变化。80年代以来，在市场经济改革和开放进程中，一方面是物质和技术的巨大发展，一方面是思想意识形态领域受到在西方文化的冲击。在传统和现代的教育理念相互碰撞融汇中，人们对于西方的文化背景了解并不深入的情况下亦步亦趋，甚至不加分析地吸收西方自由思想，使得教育观念更加远离了传统文化的抚育。近代以来，东方传统文化的传承曾出现一定程度的中断，其中的一些合理内核也遭到破坏和失落，也造成了传统东方家庭教育智慧的失落。

今天我们讲家庭教育，话语氛围发生了时代性的转变。我们以前所崇尚的“孝敬顺从”被“平等权益”所取代；“严父慈母”被“开明父母”的“民主自由”和“个性”追求所取代。

在今天，我们感到似乎已经很难用“孝道”来教导现在的孩子了。对于出生于90年代以后的子女来说，当他们听到这两个字，恐怕都会把耳朵捂起来。这样的词汇，似乎已经与飞速发展的现代化时代格格不入了。在封建社会，孝道曾被社会通过伦理纲常加以夸大和利用，后来陷于僵化的教条和陈规陋习，时代发展自然会要求将它们破除。但是，发乎人性本源的孝道的初始却被一起丢掉，迷失在“民主与自由”的话语背景中。

中国几千年来的历史上没有“叛逆”“逆反”这样的词汇。当然也有“忤逆”“逆子”这样的提法，但是“叛逆”和“逆反”成了一个时代普遍存在的社会现象，恐怕是近几十年才有的事，而且代际差距在不断扩大，呈现出十分独特的历史背景和文化基色。

我国传统道德价值观中特别注重父子关系规范。父慈子孝作为传统文化中影响深远的一项道德要求，自古以来为民众所熟知、认同和践行，发挥了独具特色的社会教化作用。家长从爱出发，严慈相济，既关爱孩子，又严格要求并纠正子女品行、学习和认知中的偏差；子女面对父母，须当谦虚恭敬，尊敬长辈，心怀感恩；言谈举止彬彬有礼，虚心聆听教诲，接受批评和指导。

然而，看看现在的情形，已然是大相径庭了。家长们说，我们小的时候都是顺从父母，听话的，从不敢违背父母意志，而现在，怎么就不敢管教孩子了呢？看到孩子身上存在的明显的缺点，比如自理能力差、衣服书籍物品乱扔、手机上瘾、忘记学习任务、与他人交往中不考虑他人感受、任性，等等，许多家长想管教，却担心带来情绪问题。近年来发生过多次孩子因与父母发生争执或老师批评就想不开跳楼自杀的事件，使得家长们更加害怕，觉得现在的孩子太过于脆弱，输不起、批不得，以至于管教孩子时不知该怎么说话。困惑的家长时常感到开口时“小心翼翼”，却仍然没有取得好的效果，甚至感到令人失望。孩子一句“不用你管！”就赶紧闭嘴了。嘴上没训斥，心里却觉得现在的孩子不受教。其实这个年龄阶段恰恰是孩子需要管理和教育的时候，这样的情况应当引起孩子父母的思考，考虑孩子的教育问题出在哪里，找到原因并想办法解决问题。

而孩子们在朋友圈，在微博上各种吐槽，家长们可能就是孩子心目中的“祸害”。辛苦付出的焦虑的家长们，看到这个词时，后悔、委屈、愤恨、苦恼涌上心头。父母看不惯自己的孩子，孩子看不惯自己的父母，这样的情况多了，人们就觉得这个时代的青春期孩子“逆反”了。

传统的家庭权威失落，带来的还有家庭成员行为的失序。人们对于家庭规则和秩序的理解上，存在较大的矛盾和冲突，也是当前代际差异的重要体现。现代社会，女性也走出家庭，参与到社会竞争的洪流中，与男性共同承担起社会工作，女性作为家庭守护者的角色越来越淡化。与此同时，传统的密切的家庭关系模式被更松散的亲子关系取代，家庭的教育功能很大程度上被忽视乃至弱化。现代生活中，家长们没有拿出足够的精力和心思教育子女，把教育的责任完全交给了学校和社会，甚至把孩子成长中出现的问题都归咎于学校。家长们这样做，可能的原因是他们自己小时候就是这样长大的；现在还要养家糊口，那么学校就应该把一切管好。

与此同时，伴随着社会的功利化倾向，家庭教育陷入功利化的窠臼。家长们特别关注孩子在学校的成绩，却忽视了孩子心灵和精神层面的成长。重视为子女提供衣食住行的保障，重视物质财富的传承，却忽视了宝贵的家族精神财富的传承。家族物质和精神财富的创造、积累和传承，本应包含着长辈对子孙后代的爱，以及对家族延续发展的殷切期望。然而，如果子孙后代领会不到这一精神实质，不自立不自强，反而奢侈挥霍，依赖“啃老”，忘记了家族的奋斗精神，没将祖辈积累的物质财富和艰苦创业的精神财富一起传承，再多的物质财富也难以承继。

家教的第一要素是家风。家风是能够形成传统并代代传承下去的文化规制。家风文化是在特定的历史条件和地域环境下逐渐形成的，包含着长久以来形成的独特的家族精神、价值观和思维方式。拥有良好的家风，对于家庭建设是极为重要的。

看到央视关于家风这个话题搞征文活动，父亲郑重其事地考虑了好几天，对我们姊妹几个说，我们家的家风是八个字“仁善、礼信、感恩、度位”。这是他从自己和祖辈为人处世的经验中总结出来的，也是对我们为人处世的要求。关于“度位”，他说是极重要的，就是人在社会上要时时度量自己是否站在合适的位置上说话做事。听起来觉得没什么高深的，但是做起来很难。时时需躬身自省，就知道自己做的还差得很远。

良好的道德修养是人才终身发展的根基。德行，包括对自己对他人对社会的责任感，以及积极向上、善良正直、真诚爱人等。这些关乎人生终极幸福的品质，应该从小就重视培养，是家长们最应该关注的。德是内心的自律，行是外在的表现。品德教育被认为是“给孩子系好人生第一粒扣子”，以德为先，培育和传承社会公德和个体美德，把孩子培养成为一个有德行责任的人，塑造孩子成为“爱国，敬业，诚信，友善”的中国公民，是家庭教育的重要责任。

家风往往包含着祖辈对做人做事、修养品行、为人处世经验的凝练升华。家风精神形成之后，经过代代传承，就成为一个家族或家庭中最为稳固的、最有传承力的家庭教育资源，使得每一位家庭成员在家庭生活中耳濡目染，受到家风的熏陶教化。稳固的家风，能为每一位家族成员的人生提供指南和巨大的精神力量。每个人都有责任将家族精神和优良家风代代传承。肩负起家庭责任，承担起为家族奋斗的使命感，人生也就有了更大的进取动力。

建立良好的家风，其本质就是形成一种身教的环境。环境的影响是润物无声的熏染。最好的家风是父母做成的一种样子，孩子学着做成这样。这样家风就形成了。家有藏书，书香熏陶，孩子自然爱读书；你若笃信俭以养德，思一粥一饭来之不易，吃饭光盘，孩子自然而然就懂得节俭的道理。家庭环境对孩子德行成长的作用巨大，父母应充分重视孩子德行的培育，善于将家族成功的经验和家风移植到家庭生活和孩子培育上来。此之谓家风严，家教好。

学做家长：你准备好了吗

在成为更好的家长的道路上，或许已经走了很远的弯路，你才发现自己所缺的，只是那些早该具备的知识。这些必要的知识，是要帮助你更深入地认识你的孩子、你的家庭，还有你自己。

学做家长的意识显然越早越好，最好提前一至两年学习与孩子年龄相应的家庭教育的知识。但是，学习，从现在就开始，永远都是必要的。你可能会说，自己的孩子已经长大了，不受管了，那我现在开始学习，是不是没有用了？请相信，不管孩子长到多大，我们做父母的责任，是一辈子都不会卸下的。所以，学做家长也是一辈子都要做的事。不管从什么时候开始，学做家长的事业都没有结束的时刻。家长职责是一项终身责任，家长学习是一项终身学习的事业。

终身学习时代，知识会越来越凸显出巨大的价值和威力，具有改变命运的威力，赋予我们改变命运的能量。时代发展到今日，再也不可能有一劳永逸的知识学习，取而代之的是终身化的学习。学习化生存将成为未来人们的生存方式。家庭作为学习化社会的基本单元，必然向学习型家庭转型。学习、学习、再学习，就是给我们的人生不断地充电加油。人类预期寿命延长，只有做好不断学习、充电的准备，才能应对未来社会更大的变革和更大的不确定性，拥抱变化的每一天。不断尝试新事物、做出新的职业选择和转型，也将会成为人生的新常态。

终身学习的时代，在教育领域的各个层面、各个阶段，都关注到了人的终身发展问题。我们的社会正在构建一个服务于人的终身学习的教育体系。家庭教育因其长期性特点，必然在终身学习体系中占有相当重要的位置。

可是，我们还没有做好行动准备，甚至还未来得及思考，信息时代就到来了，并且正在以迅雷不及掩耳之势颠覆我们的生活方式。有教育研究专家预测，“在未来，现代学校制度也将会消亡，取而代之的将是未来学习中心。”因此，我们的现代家长，更需要跟上时代发展的步伐，成为学习型家长。

建立信念

小麦上小学的时候，因工作和学业缘故，我长期在外地，无法有充足的时间陪伴在孩子身边。孩子初中时学习成绩不理想，总觉得孩子是因为自己不在她身边而缺乏安全感所致。常常认为自己“错过”了孩子成长的“关键期”而感到愧疚，总希望弥补那段缺失。同样地，我还知道有不少职业女性，在面对家庭和工作的冲突、自身职业发展和孩子的教育问题时，易于陷入后悔、愧疚、抱怨等负面情绪中。带着弥补的心态，做出不符合孩子当下年龄阶段需求的过度关心，甚至溺爱，非但对孩子毫无助益，还会带来其他的问题。孩子也会受到这种负面情绪的不良影响。现在的我已经走出那种负面情绪，能够换个角度积极地看待那段经历了。正是那些拼搏的经历，为自己今天的事业打下了坚实的基础，也使自己今天更有能力帮助到孩子。

对于“起跑线”“三岁看大、七岁看老”这一类的想法，我是反对的。它把人的成长过程固化在人生之初的头几年内，否定了后天教养的重要性。这些想法把伴随人一生的教育置于十分消极无力的地位，认为一旦错过成长“关键期”就无法挽回，而放弃努力。这些僵化的、否定改变的固定型思维，不以发展的眼光看待问题，是消极且有害的。

人生漫长，每个人的世界观、人生观、价值观都随着时代的发展处于变化之中，每一个立足当下的努力，都有回应，怎么会“错过就不再”呢？用辩证发展的眼光，积极的心态来看待生活中的所有问题，就会相信，生活中所有的矛盾和问题都是暂时的，事情一直在发展变化之中，你所看到的问题，可能正是形势变化的契机。

总结一下本书想要传达给您的信念：开始改变永远都不晚。想要成为一个好的家长，你十分需要建立起强烈的信心和信念，那就是相信自己、相信孩子，相信所有事情一直在向着好的方向发展。不论孩子现在有多大，看到的孩子身上存在问题，永不放弃改善的希望，承担起父母的职责，相信所有问题都会有解决的办法。我们要做的就是运用正确的理念和知识，按照事物发展的本来规律，抓住事物的积极面去解决问题，促进事情向好的方向转化。

学做家长，就是在成为好家长的道路上不断地学习、不断地做、不断精进、不断成长。从我们把孩子带到这个世界上来以后，不管孩子长到多大，学做家长，就一直在路上，终身学知识、学方法，学能力、学做事，学修养，学无止境。毛泽东说：教育者必须先受教育。想要做成功的家长，更好地为人父母，最好的方法就是自己不断学习、不断地成长，学会当家长，学会爱孩子。

只要有了正确的理念和知识指引，原则和方向清楚了，我们就只需要朝着正确的方向努力，问题都会如坚冰慢慢消融，方向会引领你逐步走出困境。

自我反思

学做家长的过程，是完善自我认知、实现自我成长的过程。

能够做出自我反思，对自我有清晰的觉察，是完善对自我的认知的必经之路，也是我们改善认知和行为并获得真正成长的前提。

在家庭生活的种种问题中，我们往往意识不到潜意识层面发挥的影响，往往认识不到自身的虚伪性，有时候是我们自己欺骗了自己。人类大脑工作的特点就是有着天然的惰性，而且人类天性中对自我的认识存在着许多局限，特别是固化的思维模式，使我们自以为是，很难看清自己，有时甚至是自欺欺人的。

很多时候，内心深处给自己塑造的一个自己认为是好的形象，希望它一成不变。我们用这样的假设框住了自己，使得自己总是无意识地处于一种恐惧之中，总是试图去树立和巩固这种形象，害怕失去它、希望保持在过去和现在，于是在生活中常常需要解释自己、证明自己，声嘶力竭地面对世界，身心疲惫，更重要的是，它阻碍了自我的成长。

迟疑、犹豫、愤怒、恐惧、纠结、虚假、掩饰、抱怨等，都属于消耗身心能量的负面情绪。在这些情绪中待久了，身心健康会出问题，甚至会生病。这就需要我们深刻地反思和认识自我，用正确的知识和真正的智慧来检验和修正自己。只有深刻的反思，才能使我们从负面情绪中解脱出来。

不敢承认自己的缺点和错误，似乎是多数人的通病。就我自己而言，也是花了很长的时间，才敢于承认自己有问题。即便自己知道什么是对的，还有可能陷入过去，更不用说认清自己又是那么困难。在很多时候，我们所做的反思，仅仅是通过思考对自己的成见和偏见进行了合理化，从根本上来说，不是真正的反思。

苛责自己的人，不敢面对自己的错误，有一点儿错就全盘否定自己。后悔、内疚、放弃、逃避，这些都是消极的做法。只有改变这一思维模式，我们才能真正地看向自己的问题，看清自己的不成熟，看到自己曾经的过错。事实上，一个人永远没有最对的时候，事情也不必一次便做对，错了还可以修正和修改。

自我反思的本质，是主动地找出自己与所属系统不相容的方面，找出自己与组织的理念、价值观、步调不一致的地方，并主动地做出相应的调整。我们就是要在反思中摆脱固化的思维，建立起促使自我改进的成长型思维。

放下自我脑海中固有的僵化的框架，建立起批判性思维，敢于反思自我，甚至把过去的自我推倒重来，这才是真正想要学习的态度。

以我自己为例，从前的我就曾经过于看重他人的评价。看重别人对自己的评价并没有什么不妥，它会促使我们提高自我要求的标准。但是凡事有度，如果自己活得不真实，活得很累，就该问问自己，究竟是什么原因。有段时间，内心认为自己不够好，却又对自己要求很高，努力达到最好，怕别人看到自己不好，不敢承认自己有错，把能量大部分耗费在表现上，使劲儿地守着维护着自己的“完美”形象，搞得自己很累，而且让身边的人也觉得不舒服。不会拒绝他人，委曲求全，甚至费力地取悦讨好他人而委屈压抑自我，把自己的能量掏空了，则更无法活出真实的自己。

我花了很长时间转变这样的思维模式，进而把思维模式慢慢扭转为：没有完美的人，没有完美的事物，万事万物依然和谐共生，这本身就是大自然的规律；我现在做得还不够好，是很正常的事情；我会努力做到更好；承认错误并不会让人瞧不起，敢于承认自己的不完美才是“完美”，我本来就很好，不需要依靠别人的认可来验证；要有勇气做出自己的决定，能够自主选择做那些自己愿意做的事、感兴趣的事、高兴的事，活出自我的境界，反而能把生活过得特别有效率。只有这样，才真正地获得了心态的从容和淡定，生活状态也随之改善。

学会爱自己，才是学会爱的终极方法。真正能够悦纳自己了，然后就能够更好地包容他人。

真正静下心来，问一问自己，我内心的真实需求究竟是什么？发现内心深处真实的需求，都不是仅仅依靠购物或者来自他人的爱就能够满足的。能够真实地悦纳自我，活得真实，才能唤醒内心的喜悦，才是真正的爱自己。就像柳老师告诉我的，要用积极的心态和新的行为替代过去的心理和行为模式，满足自己内心深处的爱的需求。

学会爱是我们每个人最大的人生课题。学会爱孩子并且懂得如何去爱，是家长成长道路上的必修课。我们的每一步成长，都使得我们在更好地爱世界、爱生命、爱他人的道路上更进一步。

自我改变

思想和认识是行动的起点。认识到问题，是开启改变的第一步。就像瑜伽教给我们的，每一种觉察的背后都有修正的力量。

在通过家长学习来改善家庭教育这个问题上，还有一些家长有这样的疑问，“我通过学习获得了适当的知识，愿意做出改变，可是如果爱人不支持，还是不能实现转变呀。”有这一顾虑，很容易理解，因为最终的改善必然是双方共同的改善，但是，如果过于强调双方共同努力，就会更容易放弃自身的努力。事实上，每个家庭都是从一个人的首先改变开始的，不管你是男士还是女士，只要你真心想要做出积极的改变，就能走上心智成熟的路程。

父亲和母亲究竟谁对孩子的影响更大，这个问题本来不应该成为问题。夫妻双方在家庭中各自尽到做父亲和做母亲的责任，不应区分孰轻孰重、高低上下。但是生活中，这个问题却困扰了许多人。一个典型的误区是，很多人都会把孩子培养不好的原因归于配偶，比如与自己不一致的教育观，比如对方的不良生活习惯，甚至智商遗传、性格遗传等。特别是当看到孩子身上的问题时，不是首先反思自己，而是首先看到对方身上的缺点，特别强调对方的责任。我们在前面已经探讨，这种看向本身就会带来很大的问题。这里面体现出来的，是心智成熟程度还不够，不能接受孩子的缺点和问题，不敢承认自身的缺点，不足以承担责任。

人们倾向于认为自己的形象是一成不变的，内心存有一种害怕失去、希望保持过去和现在的恐惧心态。我也不例外，会害怕时间飞快，害怕头发变白、容颜变老。但是，生活不是一成不变的，你不是要用力“保住”现在的生活，而是要去拥抱变化，努力去创造更好的生活。从巨大的思维惯性中跳出来，拥抱变化，不断地检省自己，相信自己能够越来越好，勇于自我改变。

改变有方法，亦有原则可遵循，然而这个过程有时是很艰难的，有时需要比预期更长的时间。这时候考验的就是我们的耐心与自制。我想说的是，为了长远的幸福，你所付出的一切努力都是值得的，它带来的不仅是整个家庭关系的改观、家庭面貌的改善和提升，更是个人身心的成长和进步，受益的还将是我们的工作和生活的方方面面。

面对生活的种种境遇，面对种种情绪困扰，需要改变的永远不是他人，而是你自己。每个问题来到你身边，都必须由你自己去面对和解决。有些遭遇和经历，可能正反映出你自身的问题和当下的状态，而这就是促使我们自我反思、自我发现和改变的时机。从很大程度上讲，不断地在试错中前行、成长、进步，就是教育的真正意义。

从根本上来讲，你是无法单向地改变世界和他人的，谁也不可能躺在那里，想要得到什么，什么就按着你希望的方向实现了。如果想要改变你的世界，你首先必须自己做出某方面的改变。比如想要让你的丈夫孩子改变行为习惯，你就得先改变自己对待他们的方式，承担起自己应该承担的责任，看向自己，改变自己。当你能够做出自我改变的决定，恭喜你，你的勇气和智慧成长了。

真正的学习是内外兼修。不只学方法，还要学道。真心反思并认清自己的问题不容易，做出改变则更难。就像我虽然早已经注意到了自己的一些错误思维和行为习惯，但在生活中还是经常陷入同样的问题中去。这就需要我们不断地自我反思、检视和提醒。

心中有光、怀抱希望，愿意相信、愿意学习、愿意改变，学做家长的过程是让我们走向心智成熟的路程。当你自身观念发生了正向的改变，行为就改变，家人也自然就变了，周围的所有关系也会随之改变，你的生活和你的世界也会随之改变。随之而来的是内心的喜悦与自在，我们也因此获得了平和的心态，淡然与勇气。

知识与智慧

每个人都应该在合适的时间学习做家长的知识。想要更好地做家长，就要以当学生的心态，学习有关家庭教育方面的知识和技能，积极寻求补足家庭方面的知识，提升家庭教育的水平和能力。在知识面前，我们应永远谦逊并内心怀有敬畏。

思想是行动的先导。该做什么，不该做什么，怎样做，都要有相应的知识。比如说，什么样的教育目标真正有利于孩子成长；什么样的环境更加有利于孩子学习。孩子如何学习，这就包括关于心理成长规律的知识、与学习相关的心理学知识、教育学方面的知识、沟通技巧等。这些知识是家长提高家庭教育能力和效率的重要工具。拥有正确的知识，生活中运用正确的知识，知识就成为改善生活的力量。

知识提升我们的认知水平，身心每提升一层，就看到更高一层的世界。通过学习优化认知结构，知识就成了指引自己做出适时适当思考的理论“脚手架”，帮助我们抓住每一个当下的教育良机。

在教育孩子这件事上，当你把握了家庭教育的基本原理和原则，行动就有了方向。你就可以根据孩子的成长阶段和心理特点，针对生活中遇到的具体情况，选择为我所用的知识，找到自己的解决办法。

应当说明的是，没有完全正确和错误的做法，只有当时当地的具体情形和你自己愿意做出的行动选择。其中有哪些原则和方法适合你的情况，只能由你自己去体验，以及在体验中反思和调整。就像你学会了使用斧头，去砍到柴才是根本。方法只是方法，有了方法该怎样使用，还是得具体问题具体分析。

对普通家长而言，难以系统深入地去研究和学习，也不必要，学习的重点放在基于解决问题而学习，以及为自我素养提升而学习上就可以了。利用好身边可得的资源，广泛地向书本学习的同时，还要善于向身边的每个人学习。三人行，必有我师焉，择其善者而从之，择其不善而改之。

有必要的情况下，寻找专业的个别辅导也是直接而有效的方式。孩子在高中阶段这几年，使我受益良多的老师有很多，多次拜访深入交流，从不同老师那里，学到很多知识，不断受到启发和感动。我也关注了一批教育类、心理类公众号，加入樊登读书会，订阅微课，参加修远家庭教育指导师培训等。

本书并没有试图把家庭教育中可能遇到的所有问题一一罗列出来，给出标准答案或是具体的指导方案，让家长们照着教材比画成一个共同的样式，而是尽力给家长们指出努力的方向。

学做学做，最终还是落脚在做。间接知识很重要，却并不能自动帮助到你。做到才是学到，不去做，听多少道理都没有用。《论语》告诉我们：学而不思则罔，思而不学则殆。瑜伽的智慧告诉我们：没有行动的知识是瘸腿的；没有知识的行动是盲目的；正确的认知也是建立正念的基础。带着觉知的行动才是智慧的，也就是我们现在经常说的——知行合一，学以致用。

教育子女，任何一个他人的案例都是独特的，没有能够搬过来就用的经验。听到道理，听懂道理，就应带着新的认知回到真实的当下的生活中去，面对当下家庭生活的每一天，每一个具体问题，使知识和智慧在生活中运转。只有把你认为好的理论知识真正运用到生命中去实践、检验、确信、笃行、反思、提高，边学、边做、边成长，才真正学到了它。

学做家长的道路也是我们人生修行的过程。道理看起来很普通，看似容易，做起来很难。学习如何做父母，最终落脚到一点，就是父母学做人，不断成长，勤于修身，提高自己的修养。古人读书是为了学做圣贤，我们则通过学习开拓我们的视野，增进我们的智慧，提高我们的品性。

学做更好的家长，是一项毕生的课题，值得我们持续不断地付出努力。

终身成长的过程

学做家长：终身成长的过程

学做家长的旅程，是充满惊喜和愉快的成长历程。在与孩子一起成长的过程中，学为人妻，学为人母，学为人子女，它带领我们通向内心的喜悦与自由。教育就像种果子，果子的甜美和酸涩，都由你自己品尝；培养孩子的辛苦和甜蜜，都没有人能够代替你。怎样播种种子，收获什么样的果实，都是你学习成长的成果。

学做好家长，促使我们学会反思，学着解决自己的问题，带着思考和智慧处理问题。所以，我们的学习，改变了思维，改变了心态，带来的是身心的健康，是为今后的人生做好知识准备。时至今日，人类已经积累了丰富的关于疾病和健康的知识，以此来应对物质环境中的因素。人们越来越认识到，心理和情绪成了更主要的带来疾病的原因。现代心理学和生命科学告诉我们，心理冲突影响身体，我们身体的病多数都是自己情绪的积累，怨气和不满时间久了就会使人生病。恐惧、忧虑等负面的情绪都会消耗能量。所幸人们逐步认识到了这些因素，并通过自我的心理调整，消解不良情绪影响，进而对疾病进行防御和疗愈。从这个意义上讲，生病就是在告诫你、提示你，心里还有一些不良情绪存在。真心地反思，清理内心的问题，调整自己的心态和情绪，建立起积极情绪，就能避免不良的能量攻击你的身体。有些遗传性疾病也可以通过调适改变，尤其是与性格气质相关的疾病。因为性格可以由认知改变，病因也就随之被改变。个人的身心和谐了，与他人的关系才会和谐；社会和谐了，国家就和谐。修身齐家平国治天下，就是反映的这样的关系。从这个意义上讲，学习如同养生，成长就是对心灵的滋养。

学做好家长，带来更多的智慧增长。知识技能的学习，是必要但不充分的。单纯的知识和技能的积累，并不能通向智慧，而当人们有了智慧，却可以学着观察和理解知识的结构、更好地运用知识。因此，我们的学习，不能止步于那些显见的目标，而是在学习中获得生活的启迪和教育的智慧。当我们成为真正的终身学习者，不断地成长，不断地发现自己、认识自己，生命的宽度、深度和方向都得到拓展，从而更多地获得心灵的安顿和人生的从容。

学做好家长，最终指向提升爱的能力。你会发现，原来为人父母是件如此美好的事情，原来不必做那么多无谓的牺牲和付出，不必把所有的问题和责任都扛在自己肩上，不必在心里塞满关于孩子的一切，不必把教子任务沉沉地压在自己心上。现在你发现，把该做的事情一件一件做好，不该做的事情逐步放下，孩子的自我建立起来，你的自我也日趋完整。此时，你的脚步会自然而然地越来越轻松，你的精力仍然可以放在自己喜爱的事情上，你的事业，你的闲暇，你的生活方式，都从你不断学习和成长的过程中受益。

养育孩子，除了实现繁衍生息的天职，带给人们共享天伦亲情的幸福，更使我们得到更完整更丰富的生命体验。教学相长，这在家庭教育中再贴切不过。学做家长的过程，正是与孩子共同成长的过程，是不断反思和修正，提升自我认知的过程，更是提升人生智慧的过程。这一过程，使我们得以不断地思考和更新对幸福的看法，理解生活的价值和意义；透过孩子看到自己；通过和孩子一起成长，重新定位自己在这个世界的价值和意义；更新价值观；获得直接的价值和间接的价值；改变自己，促使自己真正地成熟长大；透过孩子看到世界；跟随孩子的眼睛，跟随时代的发展。每一位母亲都在养育孩子的过程中进一步成长成熟，完整丰富自己的人生；获得更多的人生智慧；还有最重要的一点，通过学做家长，我们学会了爱。

参考与推荐书目

［1］苏霍姆林斯基：《给教师的建议》《怎样培养真正的人》，教育科学出版社。

［2］南怀瑾：《论语别裁》，复旦大学出版社。

［3］〔印〕克里希那穆提：《教育就是解放心灵》，九州出版社。

［4］〔美〕帕克·帕尔默：《教学勇气——漫步教师心灵》，华东师范大学出版社。

［5］〔英〕维克多·迈尔·舍恩伯格：《大数据时代》，浙江人民出版社。

［6］江晓原：《科学外史》，复旦大学出版社。

［7］〔英〕约翰·洛克：《教育漫话》，教育科学出版社。

［8］于璨、宋书文：《教育组织行为学》，北京师范大学出版社。

［9］〔美〕莱斯利：《教育中的建构主义》，华东师范大学出版社。

［10］〔美〕托尼·瓦格纳：《教育大未来》，南海出版社。

［11］马和民：《新编教育社会学》，华东师范大学出版社。

［12］魏书生、陶继新：《享受学习：魏书生与陶继新的教育智慧》，文化艺术出版社。

[13] 王东华:《发现母亲》，江西人民出版社。

[14]〔以〕泰勒·本-沙哈尔:《幸福的方法》，当代中国出版社。

[15]〔美〕丹尼尔·吉尔伯特:《哈佛幸福课》，中信出版社。

后记

整理工作接近收尾，收到了孩子的小礼物！天真烂漫阳光可爱，谢谢亲爱的女儿！

20岁的小麦写给妈妈的卡片：

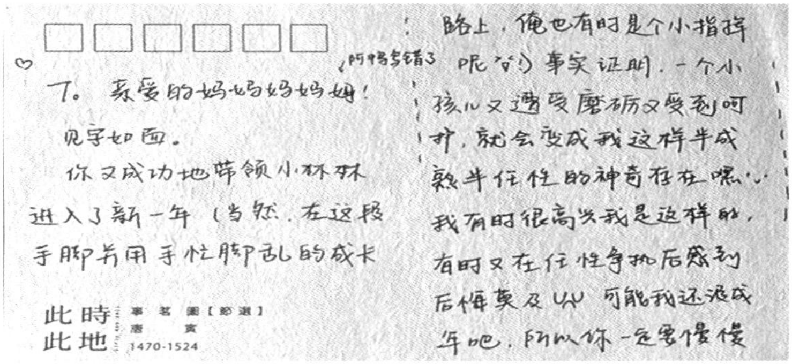

丁。亲爱的妈妈妈妈妈！

见字如面。

你又成功地带领小林林进入了新一年（当然，在这段手脚并用手忙脚乱的成长

此時此地 事茗圖【節選】 唐寅 1470-1524

路上，俺也有时是个小指挥呢）事实证明，一个小孩儿又遭受磨砺又受到呵护，就会变成我这样半成熟半任性的神奇存在嘿……我有时很高兴我是这样的，有时又在任性争执后感到后悔莫及 可能我还没成年吧，所以你一定要慢慢

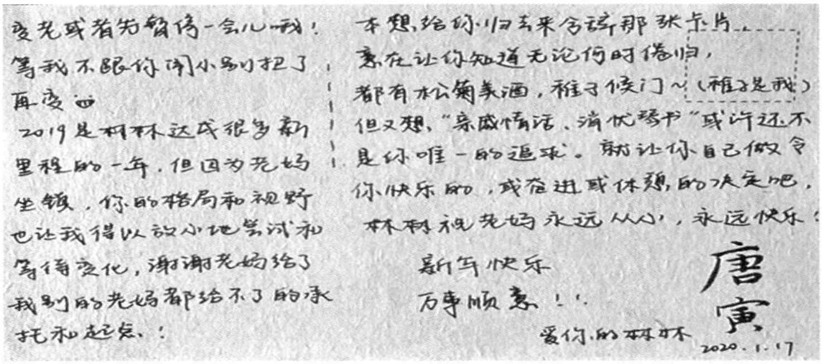

变老或者先停留一会儿哦！等我不跟你闹小别扭了再变老

2019是林林达成很多新里程的一年，但因为老妈坐镇，你的格局和视野也让我得以放心地尝试和等待变化，谢谢老妈给了我别的老妈都给不了的承托和起点！

本想给你归去来兮辞那张卡片，意在让你知道无论何时倦归，都有松菊美酒，稚子候门~（稚子是我）但又想，“亲戚情话、消忧琴书”或许还不是你唯一的追求。就让你自己做令你快乐的，或奋进或休憩的决定吧，林林祝老妈永远开心，永远快乐！

新年快乐

万事顺意！！

爱你的林林

2020.1.17

唐寅

写这本书的过程中，最让我开心的是不断地梳理和看清自己。作为一名研究者，不断地在行动中作质的研究；作为一个妈妈，手把手地培养一个孩子，记录积累自己与孩子一起成长过程中的点滴经验，以及形成的感悟和哲学，十年后再回顾整理，温故而知新，很享受这一过程。有些以前模糊零散的想法变得清晰了，越写自己就越明白了。常遇到一些咨询我的朋友，能够比较准确地把握她正处于的境地，帮助找到问题并解决问题，那在梳理写作之前是做不到的。

写完后再回头看看这些理论，都显得平淡无奇，因为它们本身就是一些做人的常识。既是常识，显然算不上是教育学或心理学研究的成果，很多观点也没有以科学的论证方式呈现出来，并没有给出一个规范的清晰的逻辑路线，也没有给出一个论证其科学性的方法路线，这总让我感到有些惶恐和忐忑，写作期间和出版前也曾不止一次地想放下，但有亲人朋友同事们的鼓励和期待，终于还是成了稿，如今出版，也算一个交代吧。

想要说明的是，即使用心用力地梳理和写作，显然其中还有很多道理，自己也还是没有做到的。当初做笔记时，只记录了自己当时的经历和所思所想，为了便于阅读，写作中许多内容结构观点结合现在的理解做了调整。有很多时候在日记中看到当时的言行，感到难以面对自己过去的幼稚，更难以拿出来进行冷静地分析，文中所选取的笔记和案例，来自真实生活片段的记录，可能包含着与家庭教育相关的多个侧面，并不一定与所在章节的观点和理论阐释有十分直接的联系，也可能只是其中的某个侧面对支持观点有利，在安放时并没有十分细致地考量。但是现在觉得，真正的经验性价值，也可能正隐藏在那些自己感到难以面对的部分，所以就保留了下来。

书中内容大多不是什么成功经验的总结，而多数是对自己的失误的总结和反思。我希望以自己的切身经历告诉你，改变永远为时不晚。给予孩子当下最需要的爱和教育，那就是我们的幸福生活。当我们真正地改变了自己的认知和行为，我们的世界就变了。如果你感到那些曾经困扰的问题或多或少地得到解决，自己、家人和生活，因此而有所改变，那都将是我的荣幸。

任何的人生问题都没有标准答案，原则也不是金科玉律。书中提到的原则是否都适合你，我绝不敢妄言，其中有些道理，绝不是放之四海皆有其用。必然有许多的幸福家庭，他们幸运地未曾遇到那么多的人生难题。但是，如果你正深陷家庭教育问题带来的苦恼，四处罔顾寻找出路；如果你正期待着更明朗的境界和幸福祥和的生活，那我就建议你不妨暂且放下疑虑，把书中建议拿来试一试。我知道，从做出改变决定的这一刻起，你就已经做好了不懈学习，无怨付出的准备。为了更好地爱孩子，主动做出改变，本身就是一种伟大。

谨以此书致敬天下父母。